서정숙 시와 에세이

바람이 구름 한 점을 두고 간다

제3의 문학

【서문】

저는 자연 속에서 피는 많은 꽃들을 보며 자랐습니다.
들꽃들은 주로 꽃송이가 작았습니다. 그래서 더 친숙했습니다.
제 고향 광양에는 봄의 전령사 매화부터 자운영꽃, 복사꽃, 유채꽃, 찔레꽃, 감꽃, 석류꽃, 그리고 가을의 구절초까지 모두 잔잔해서 좋았습니다.
그래서인지 크고 화려한 꽃들을 보면 왠지 기가 질리는 느낌을 받습니다.
사람을 만나도 크고 우람한 사람 앞에 서면 위축되는 느낌을 받습니다.
아마 뱃심이 없어서 그런 것 같습디다.

선 굵게 시원시원한 글을 쓰시는 분들이 부럽습니다.
제 글은 오밀조밀 하고 세세한 것 같아 마음에 들지 않지만, 벗어나지 못합니다. 들꽃들을 좋아해서 제 글도 그걸 닮은 것이 아닐까...
요즘 그런 생각도 해봅니다. 햇살이 비취는 들길을 걸어가듯 독자에게 들꽃처럼 잔잔한 울림을 주었으면 합니다.

제 인생의 버팀목은 밝은 웃음이었습니다.
그 유전자를 주신, 지금은 뵐 수 없는 부모님을 사랑합니다.

기꺼이 발문을 써주신 안익수 시인께 시심을 여미며
곁에서 힘을 실어주신 이미서 교수님께 감사드립니다.
사랑으로 보듬어주신 많은 분들께도 고마움을 전합니다.

살구가 익어가는 유월에
서 정 숙

차 례

차 례

차 례

제 1 부

저쪽에서 이곳으로

아버지의 가을 1

가을걷이 끝난 들녘
벼 포기 밑둥을 밟고 지나간
아버지 고무신 발자국

벼 포기 움켜잡고
낫을 스치면
말아 올린 장딴지 힘줄 위로
튀어 오르는 찰 진 흙

볏단이 아버지를 업고 가던
휘어진 논두렁길
마을 아재들과 타작을 하며
땀 절은 흥타령

노을 내려앉은
나락가마니
죽담에 산처럼 쌓아 놓고
꿈속에 돌리는 탈곡기 소리

항아리 1

폭설에 모자 하나를 더 쓰고도 말이 없다

날도 풀리기 전에
퀘퀘하게 곰팡이 뜬 메주덩이를 넣고
소금물을 부어도
몸을 연 채 바다를 마신다

정성으로 돌보는 손길이 좋아
햇살에 잡균을 쫓아내고
살을 섞어 장맛이 익어 가면
바람에 얼굴 맡긴 채 숨만 쉰다

순박한 몸으로
배신할 줄 몰라
누군가를 위해 한결같이
깊은 맛 우려내는 항아리

어머니도 나도
조금씩 닮으며 산다

항아리 2

옥상에서
오래도록 배불리 먹고
트림하며 살았지
바람도 햇볕도 붙들고 호사스럽게 지낼 때
애지중지 돌봐주던 주인이
슬슬 외면을 했지
굶겨놓고 못 본 척 했지
빈속에
배 내밀고
빗물을 먹으며 울었지
물구나무도 섰지
마침내
아파트로 이사 갈 주인은
우리를 매실 농장에 보냈지
승용차에 태워
빛바랜 밍크이불 꼭꼭 감싸주고
헌옷 껴입은 어린놈들
뱃속 가득 담고
안전벨트를 채웠지
새 주인이 뚜껑을 열자
귓전을 때리는 매미소리 들렸지

고욤나무

건너편 할매 집에는
단감나무 밑에
나무계단을 올라가는
통시가 있다

육중한 검정돼지가
고개를 쳐들고 먹이를 기다린다
살이 오른 단감이 보고 있다

마당가
고욤나무는
도토리 같은 고욤을 흘리고 있다

아흔이 넘은 할매가
양달에 앉아
옷섶을 풀어놓고 이를 잡는다
말랑한 고욤을 입에 넣어주면
우물우물 핥는다

주름이 밀리는 질척한 눈에
눈곱이 붙어있다
쭈그러진 젖 가슴에
고욤이 달려있다

몽당초가 있는 바다

자반고등어를 굽는다
생선 냄새가 집안을 점령해
식탁에 촛불을 켜놓는다

흔들리는 촛불
시나브로 냄새를 태운다

하루가 저물고
아늑한 불빛을 찾아
집으로 돌아오는 지친 사람들

식탁의 고등어 한 마리
허기진 사람을 불러 앉힌다

노릇노릇한 고등어는
집안가득
푸른 바다를 풀어 놓는다

밤비

겁 없는 무녀가
주문을 외우며
어둠을 쓰다듬고 있다

한바탕 설움 토해 놓자
신명이 올라
기세 좋은 굿판 벌린다

칼춤소리 허공을 뒤엎고
작두를 타며 튀어 오르는, 무녀

혼이 나간 나무들이 싹싹 빌고 있다
눈물을 줄줄 흘린다

불암산에서

초가을 햇살 걸머지고
불암산 오른다

학도암 독경이
숲 속 고요를 흔든다

도랑물 덩달아 목청이 높고
고깔을 쓰고 합장하는
달개비 꽃들

헬기장 능선 무리 진 코스모스
삿갓봉을 올려본다

천보산장 돌 탁자에서
늦은 점심을 먹는다

컵 라면에 막걸리 한사발
푸른 산이 뛰어 든다

산 한 사발 마신다
불암산이
내 몸을 찌른다

틀어진 몸

병원 복도에서 어머니는
걷는 연습을 한다
왼발과 왼다리가 아직 제 힘을 못쓴다

휠체어를 밀며 옆을 지나가는 여인
한쪽 엉덩이가 뒤뚱 내려앉다 세워진다
다리가 구부러질 때마다
병원이 기울어졌다 선다
관절염 앓는 여자는
중풍 걸린 남편
휠체어를 밀고 돌아준다
동공이 풀린 남자
어눌한 표정으로
그녀를 놓지 않는 남자

찬바람이 세찬 길에
두터운 무장을 하고
지팡이를 짚고도 뒤뚱뒤뚱 걷는 사람들이
내 눈을 붙들고 놓아주지 않는다

국화

경춘선을 탔다
소풍 가는 유치원생들
열차 안이 출렁거린다

늙기 위해 햇살을 빨아 마시는 호박

아랫배를 움켜잡고
캔 맥주를 마신다

언덕 배기
파리한 눈매로 웃는 구절초
열이 높아
허리가 뒤틀리는지 창백하다

가을 산자락도
생리통을 앓는다

산 그림자
강물에 엎드려 있다

겨울강

하얗게 부어오른 얼굴
하고픈 말 묻어 놓고
낮은 밀어를 속삭인다

버티는 거다
저 매몰찬 입김 지쳐서
물러날 때까지

옹골차게 날을 세워라

때가 되면
날은 무디어 지리니
부드러움만이
저 완강한 빗장을
풀 수 있다

다랭이 논

산자락 붙잡고 휘어져 내린
다랭이 논

아버지 등이 머물던 논두렁
구부정하게 닮아 있는
다랭이 논

벼꽃을 피우며
토실 한 벼 포기들 짱짱하다

메뚜기를 잡을 때면
종아리에 회초리 치는 벼 잎사귀

바람이 불면
고개를 두리번거리는
다랭이 논

오동나무

집 앞 우물가에
오동나무가 있다

보랏빛 꽃병들이 우물에 내려서면
사람들은
물바가지를 바쁘게 놀려야한다

오동나무 결을 쓰다듬으면
목관악기 소리가 난다

오동나무 꽃을 펴내는
물바가지 소리가 난다

가랑비

바람같이 장독 덮으러 가는 엄니
젖은 뽕잎을 닦아
누에 밥을 얹어준다

모내기 논 물 잡는 아부지
속옷까지 젖어도 흥타령

쇠꼴 한 짐 진 아재
꺼멍 고무신에서 꽈리 소리가 난다

토란잎 머리에 쓰고
달음박질하면
냇가 봇물소리 목청을 돋우고

뚝방에 매어둔 누렁소
등이 젖는다

사내들

물에 빠진 안면도 두여 해수욕장
바람소리가 파도소리에 엉켜 잘라먹는다
양동이를 놓고 사내가 삽질을 해댄다
숨구멍을 찾아
숨차게 모래를 파 올린다
빈 모래구덩이를 남기며
숨 가쁜 삽질이 허탕을 친다
다섯 번 만에 개불이 잡혀 나온다
모래 구덩이에 피를 남기고
손에 들린 개불
삽에 찔려 내장이 터졌다 피가 흐른다
바닥에 놓고 내장을 뽑아내는 사내
개불을 양동이에 담는다

등 뒤에서
한 사내가 골프채를 휘두른다
물먹은 모래를 털고 날아가는 골프 공
바람이 채가려는 모자를 움켜잡은 여자

해안 굴

서귀포 송악산 해변
어뢰정을 숨겼던 동굴들

전쟁이 끝나도
후벼 판 속살 메워지지 않아
분노에 찬 검은 입 벌리고 있다

갈기를 세운 파도 앞에
바다를 응시하며
잠들지 않고 있다

총부리에 쓰러진
영혼들이 사는 집

바다는, 제주도 끝자락에
캄캄한 기억의 굴을 남겨 두었다

감

목동 안양천 둑길에
활개치고 늘어선 감나무 가로수
실한 장두감이 곤지 찍은 신부 마냥 붉어가고
가을 햇살은 마실 온 여인처럼 노닥거리네
관심 어린 눈총을 받고
보란 듯 힘줄 돋우는 대봉의 자태
바람이 살살 만져보고 가네

도랑 위에 장두감 나무들
바람 분 아침이면
풋감을 주우러 나돌던 아이들
가을이면 살이 오른 장두감 무게만큼
가지가 휘어져 내렸네

늙수그레한 아재가
볼이 터질 듯 영글은 감을 따는 날이면
바지랑대가 헛돌아
도랑가에 흘리길 빌며 기다렸네
능숙하게 키 큰 아지매 손에 잡혀
바구니에는 붉은 보물이 쌓였네
햇살이 붉어 눈부셨네

잔치 집에서 돌아온 할머니가
손바닥에 놓아준
홍시 감하나

거미

거미 한 마리
대나무 울타리에 매달려
공연을 한다

네게로 향해
한 발짝만 기어도
뽑혀 나오는 육신의 끈

매달려서 보는 하늘은 아득하지 않다

끊임없는 생각으로
어둠을 감는 물레질은
멈추지 않아

눈물 쏟아놓은 아침이면
울타리 사이사이
은빛 이슬 매달린다

달무리

거동이 어려운 백발의 시할머니
합죽한 입을 벌려
숟갈에 뜬 국물 우물거린다
검은 콩자반 국물 쩝쩝 핥는다

하얗게 바랜 머리처럼
기억이 물 빠진 할머니
쭈그리고 앉아
손으로 방바닥을 쓴다
흰 머리카락에 엉긴 마른 비늘을 줍는다

손주며느리 볼 때마다
'이 지집앤 뉘기여?
왜 여기 있어?,
묻고 또 묻는다

임신 초기 복통을
할머니께 매달리면
마른 삭정이 같은 손으로
배를 쓸어 준다

달무리 져 내려앉는 어머니

둑

아파트 창 아래 중랑천
둑을 따라
나물 캐는 사람이 찾아 들면
눈빛으로 따라 간다
풀 섶을 만지며 따라 간다

침묵이
목을 감던 밤
낮은 물소리에 귀를 모으며
이슬에 젖던 수어천 둑

야간열차가 지나가면
눈빛만 껌벅이던 시냇물

포크레인이 중랑천 둑을 파댄다

풀이 살던 자리 헐어내고
정원석으로 쌓아
반듯한 틀니 해 넣은 중랑천
혓바닥을 밀어 올린다

백로와 왜가리는
낯가림을 하지 않는다
쉬엄쉬엄 먹이를 찾는다

고갯마루

억불봉이 보이는 청도리 고갯마루
꼬막껍질 같은 면소재지 향해
유일하게 넘나들던 길

허리가 묶인 수어천
들녘 가운데 흐르고
빙 감아 돌아가는 신작로

민들레 제비꽃 흐드러지고
떼 지어 넘어가던 웃음소리들

곡식 자루 머리에 인 어머니들
숨을 몰아쉬며 넘나들던 길

이제는 하얗게 포장된 길

곰방대를 빨며
거만하게
자동차가 넘는다

망초꽃

가을 물드는 명지산 비탈
싸락눈처럼 하늘거리는 밭을 봅니다
다섯 마지기 밭농사를 놓아버린 주인은 발길도 끊어
터를 잡은 망초꽃 지천으로 흐드러져
강아지풀 어깨에 기대었다
슬쩍슬쩍 입맞춤도 하며
하얀 눈꽃 날리듯 너울대고 있습니다
귀를 모으니 쓰르라미가
산 아래 상판리 소식을 일러줍니다
망초꽃이 물어 봅니다
수수밭 가족은 여물이 들었는지
고개 무거워진 조 밭에 고라니 헤집지 않는지
등 밭에 참깨 턴 할매는 가을볕에 잘 말렸는지
쓰르라미가
산 밑 마을 풍경을
본대로 조근 조근 일러 줍니다

오래된 친구

오래된 집에 머무르면
편안하다
순한 흙 내음 익숙해서 좋고
함께 했던 옛 기억들
먼지처럼 숨어있다

때 절은 문지방도
마주보면 정감이 일어나
오래된 이야기로 엮인
구수한 노래가 들리듯 하고

놓쳤던 세월들 줄을 당겨주는
오래된 집은
마음의 고향이다

오래된 옷을 입으면
마음이 푸근해 진다

꼿꼿하게 날이 서 있던 곳
세월만큼 부드러워져
보푸라기 피었어도 정을 품는다

오래도록 부대껴온 여운으로
잘난 체 기 세우지 않고

지치고 외로워진 몸
들뜨지도 기죽지도 않게
익숙하고 허물없이 잡아주는

오래된 옷은
오래된 친구다

살구가 익어갑니다

살구가 익어갑니다
화사한 살구꽃이
초봄을 붉게 물들일 때

꽃 피운 그 날이
어떤 의미인지
몰랐었는데

꽃 진 자리 아쉬워
가슴앓이
오래 했을 뿐인데

풋살구 맺혀도
그러려니 하였고

살구 잎 무성하게
나풀거리도록
깊은 눈길 보내지 못했었는데

유월 어느 뙤약볕 뜨거운 날
속살까지
살구가 익어갑니다

펼쳐 읽어보니

잃어버렸던
오래된 책 하나

마음 졸인 세월 하염없이 흐른 뒤
풀잎 짙어 가는 날
집념의 선물 되어 다시 찾았다

한 페이지씩 펼쳐 읽어보니
처음 볼 때 낯설고 생소하던 앞부분
아직도 그 때처럼 낯설기도 하고

떨리고 후들거리던 부분은
다시 보아도 먹먹함이 느껴진다

밤을 새며 가슴 졸인
중간 부분은
격정의 질풍노도 휘몰아쳐서
여전히 애태우며 숨을 죽이고

감명 깊어 울었던 페이지에는
그 때의 눈물 자욱 스며들어서
빛바랜 얼룩으로 남아 있다

연륜은 깊어지고

인생은 덧칠을 해 가는데

묵은 책을 앞에 놓고
아직 읽지 못한 뒷부분 접어 둔다
눈을 감고 회상에 잠긴다

너 없는 집

너는 없고
마당가 빨래 줄이
손을 먼저 내밀었다

우물 위 두레박은
빈집을 지키다 잠이 들고
채송화 꽃들이
반겨주었다

꽃 주머니 주렁주렁한 석류나무가
우물에 제 얼굴 들여다보며
해바라기 따라 돌고

정적을 메우는 바람이
마당을 쓸고 갔다

너의 뒷방으로
돌아가 보니
어둑한 골방 책상 위에

나에게
부치기 전에 썼던 글들이 살아 일어나
가슴 속으로
뛰어 들어 왔다

웃음 결핍증

간절한 웃음이 있다
진정 어린 눈빛과
부드러운 미소

놓아 버렸던 탄식을
가끔씩 꺼내 먹는다
서늘바람에 스쳐가듯

무표정한 사람은
무생물과 같다
응답을 들려주지 않는 생물은
철옹성이다

무응답의 벽은
차갑고 야멸차다
막혀 있는 벽에 길을 낼 수가 없다

대답 소리를 살 수 있는 곳이
이승에는 없다

천둥과 먹구름이
내려칠 때 마다
부끄럽지 않은 딸이 되려고
웃음으로 앙다물고 지켜냈다

웃음을 많이 지녔어도
마주 보며 웃지 못해
결핍증이 심하다

웃음이 열리는 나무에
접등식을 하고 싶다

오월

오월 이었다

보이는 것 마다
살아 출렁이는 듯 하던
눈부신 오월에
그는 비로소 술을 졸업했다

핵폭탄을 안고
마흔해 언덕을 넘어 오며
죽는 날 까지
오지 않을 줄 알았다

오월 끝자락에
별을 보았다

밤하늘이
영롱하고 아름답게 보였다
우주의 좋은 기운이
설레이게 했다

거미의 행로

곡예사
층층시하에서 외톨이로 사는 일
따뜻한 눈빛을 보내주는 건
연탄불 하나 뿐

지문이 다 닳도록
연탄불을 갈아도
등줄기엔 서릿발 기둥이 자라고

살아남기 위한 감정 조절이
하루하루
숨을 쉴 수 있는 일과였다

소중하지 않은 생명은 없다
불합리한 억압 속에
복종으로 지켜내는 인격체는
갈기갈기 찢겨 나가고

새벽달은 고향
천둥 번개에 몸을 숨겨 주는 건
언제나 푸른 잎새 들이였다

벌 나비가 되고 싶어 울었다

은빛 둥지를 지키는 것은
자주 아슬아슬 해
몇 번이고 몸을 사려야 하는
투혼이 있었다

아침 이슬에 빛나는 저 무늬는
너의 훈장이다

작은 거미들의 행로를 지켜보며
끈끈한 사랑의 줄이
아직도 흔들린다

비와 신기루

비가 오면
메말랐던 마음에도
촉촉한 세상이 열리네

젖은 대지가
생기를 뿜어내면
짙어진 산자락을 휘감는
물안개

솜구름처럼 하얀 운무가
내려앉으면
하얀 내 날개를 접고
함초롬한 그 밀실로 숨어 들어가

너와 함께
나직한
빗방울 연주를 듣고 싶다

쌓였던 진실
맺혔던 응어리
모두 풀어내고

눈빛 닿는
풀잎들 마저도

고마워 하리

물안개 춤사위에
둘이 손 잡고 흘러 흘러

산허리 몇 구비를
넘어 가서
한적한 골짜기에 머무르면

구름 속
신기루 되고 싶다

유년의 창

아슴한 세월 저 편
자갈 깔린 신작로길 걸어 와
낯선 교정에 처음 모였을 때
감꽃처럼 여리고 수줍었던 우리

맑은 수어 천을 끼고
함께 보낸 유년의 세월은
풋감처럼 여물이 드는 시기였다

꿈과 희망을 찾아
삶의 굴레에 얽매어 살아가는 동안에도
흘러가는 세월만큼
단단하게 익어갔다

반 백 년이 넘어 맞잡은 두 손
조금 두툼해도 따뜻해서 좋았다

젊음만이 좋은 건 아니었다

이제는 허물없고 친근한 까마귀들
유년의 추억으로 멱을 감으며
풋내 나는 감꽃목걸이
함께 꿰어 간다

한낮의 놀이공원

자유롭게 날아오르는 아이들 소리
한낮의 놀이공원에
음악소리 굉음소리 얽히고 얽혀있다

회전목마 연신 돌아가고
물줄기 타고 돌던 배 곤두박질에
함성은 터지고 물벼락 솟구친다

청룡열차 무서운 어린아이는
몇가지 밖에 못 타지만
뙤약볕 피한 탁자에서
허겁지겁 먹는 간식 맛에

마음은
공중회전을 몇 바퀴쯤 더 돈다

밥 한 사발

밥을 풀 때면
반질반질 하얀 밥알
눈 맞출 때면
어른거리는 얼굴

하얀 이 가지런히 내밀고
웃어 주던 너

고실고실한
밥 한 사발
담아 주지 못했다.

솜이불

장롱 속에는
솜이불 두 채가
머무르고 있다

윗목에 떠놓은 물
밤새 얼어붙는 서울로
큰 딸 시집보내며

젤 먼저
목화솜 60근씩 겹겹이 넣은
이불 두 채 해 보낸 부모님
시린 세월 속에
묵직한 무게로 덥혀주고
힘 돋구어준 버팀목이었다

뒤돌아보니
홑이불 노릇도 못하고 산
출가외인

낯선 길

철이 없었다 무심코 발을 헛 딛었다
추락한 곳은 협곡이었고 암벽으로 막힌 동굴이었다
볕이 들지 않았다
그 흔한 웃음도 보기 힘든 곳 이었다
온기가 없는 곳에서 음지식물이 되어갔다
암석의 파편을 수없이 맞고 멍 자욱이 늘어 갔다
쏟아질 듯이 많았던 별들은 어디에도 없었다
맹수들이 무서워 움츠리고 떨었다
오직
그들의 공격이 잠잠해 지기만을 기다렸다

빛이 보이는 동굴의 입구를 찾아 헤매었다
돌 뿌리에 채여 넘어져도 다시 걸었다
등줄기에는 얼음기둥이 자라났다
한기에 떨며 끝없이
햇살이 눈부신 초원을 찾아야 했다
동굴 입구에 닿자 비로소 어둠에서 놓여났다

양지 뜸에 몸을 기대고 볕을 쬔다
척박하지만 들꽃이 피어난다
눈에 보이는 빛나는 것들이 눈이 부시다
때때로 천둥 번개가 친다

16, 32, 64

하늘빛 고운 어느 날
그와 나누어 잡았던 명주실 한 올 허공에 날리고
16년이 훌쩍 지난 날
재회의 하루를 얻었다

세월만큼 별로 달라져 보이지 않아
오해의 실타래를 절반은 풀어가며 무지개 잡기를 했다
그러고는 무엇이 그토록 먼 이별을 담아 두게 했었는지 모른다
청춘의 분명치 않은 무의식이었는지
삶의 질서를 지켜주고 싶었는지

그는 다시 멀고 아득한 세월을 향해 주문을 걸었다
30년 후에 만나자
32살에 30년 후에 만나자는 말은
그저 허공을 날아가는 새소리처럼 소멸되었고
약속함의 우물이 목울대에 고여
해질녘은 늘 물을 퍼 비워야 했다

그 말을 믿는 마음을 어느 나뭇가지에도 걸어 두지 않았다

너무 모호하고 긴 세월이었고
그 때 까지 살아 있을지도 분명하지 않은
길고 먼 시간 이었다

그리움만
운명의 그물에 걸려 풀리지 않고
낡은 채로 묶여 있었다

봄날 석양이 내리기 전
그와 악수를 했다
32년의 긴 강을 건너 왔다

제 2 부

그리운 것이 아프다

자루 (그리운 것들 1)

눈앞에 항시 어른거리는 영상이 있다. 어린 시절, 장날이면 하얀 옥양목 치마저고리를 입고 자갈 깔린 신작로를 걸어가던 여인들 모습이다. 광목자루에 농사지은 쌀, 보리, 찹쌀 등 곡식을 넣어 함지박에 이고 '돈 사러 간다' 던 어머니들 모습이 눈에 선하다.

많은 사람들이 농사를 짓고 살던 그때는, 자식들 옷이나 신발, 학비를 마련하려면 집에서 키우던 소나 돼지 닭을 팔거나, 곡식을 팔아야 돈을 만질 수 있었다. 내가 살던 고향에는 3일, 8일에 오일장이 열렸다. 어느 집이나 그시기에 물건이나 돈이 필요한 만큼 자루에 곡식을 담아서 시장으로 갔다. 농사를 많이 짓는 집은 소달구지에 실고 가서 돈을 사기도 했고, 더러는 남정네들이 지게에 지고 가기도 했다.

시장 안에는 어물전 채소전, 식육전이나 가축, 의류 잡화전이 나누어져 있었다. 곡물전도 따로 있었는데, 약삭빠른 중간상인들이 시장 못미처 여러 갈래 신작로에 진을 치고 어머니들 머리에 이고 가는 곡식자루를 잡아당기며 흥정을 했다. 십여 리 길을 재를 넘거나 고개를 넘어 걸어와 목 고개가 아픈 여인은 실랑이를 하다 내어주고 돈을 받았다. 그래도 한 푼이 새로운 약은 사람들은 끝까지 시장 안 곡물상까지 가져가서 그 날의 시세대로 돈을 더 받으면 입이 함지박만큼 벌어졌다.

집에서 농사짓는 곡식들은 종류가 많았다. 가을걷이를 끝내는 순서대로 마당에 멍석을 깔고 널어 말렸다. 할머니나 어머니는 그

때마다, 내게 크기에 맞는 광목자루를 잡아 입 벌리게 하고 말린 잡곡들을 조심조심 부어서 단단히 묶어 두었다. 특히, 콩이나 팥, 참깨, 들깨, 녹두와 조, 수수는 주로 크고 작은 광목자루에 넣어 시렁에 얹어두거나 광에 보관하고, 어떤 자루는 기둥에 매달아두거나, 빈 소주 대병에 담아두기도 했다. 아버지는 가끔, 콩이나 팥, 고구마보다 소출이 적은 녹두를 심지 말라고 했다. 녹두가 익어 추수를 할 때 밭에서 저절로 터져 버리는 게 많다고 했다. 그래도 할머니는 필요하다며 꼭 심었다가, 우리 가족이 감기 걸리거나 아플 때, 그 녹두를 넣고 죽을 끓여주면 고수한 맛에 절로 입맛이 살아나고 거짓말처럼 기운이 났다. 또, 사계절 내내 맛있는 팥 칼국수도 농사지은 밀가루로 반죽해서 만들어 먹으면 꿀맛이었다.

자루에 얽힌 또 다른 사연은 우리 고장의 기인 이야기다. 그는 어려서 부모님이 보약을 너무 많이 먹인 탓이라 했는데, 워낙 기골이 장대한 거인이었다. 우리 고장 사람들은 그를 따쭈리라 불렀지만, 직접 부를 때는 성을 써서 황생이라고 불렀다. 한겨울에도 꺼멍물 들인 삼베옷을 입고 다녔는데, 속옷도 안 입고 다닌다고 했다. 주변의 옥곡, 진월면 까지 그날그날 생일이나 잔치, 제삿날을 쭉 꿰고 있다가 어김없이 들어섰다. 초상이 난 집에서는 부고장을 받아 먼 마을까지 걸어가 일일이 전해 주고 오기도 했다.

따쭈리 아저씨는 어느 집에서나 상위에 차려준 음식 중에 물기가 있는 것들만 먹고, 마른 전이나 생선, 떡, 나물, 과일 등은 가슴에 품고 다니는 작은 광목자루 두 개에 조심스레 담아서 갔다. 그렇게 가져가서 노모에게 드린다며, 사람들은 효자라고 두루두루 치하를 했다. 아이들은 무서워하면서도 따쭈리 아저씨가 마을에 오면 우루루 에워싸고 좋아했다. 어린아이를 두 팔에 안아 높혀 좌우로 흔들며 '어여쁘다 울 애기, 잘도 잔다 울 애기, 남의 애기는 울어도, 울 애기는 안 운다, 내 동숭아' 하고 노래를 불러주거나, 여러 가지 장기자랑도 많이 보여주어 아이들을 즐겁게 했다. 여름에 비가 많이 오면 냇물이 불어 징검다리가 넘쳤다. 그럴 때면 따쭈리 아저씨가 아이들을 업고 건너 주어서 우리는 학교에 갈 수 있었다.

그 뒤, 몇 년인가 지나서 쌀이나 고구마 등을 담을 수 있는 마대자루가 나왔다. 내가 서울로 올라와 자취를 할 때, 아버지는 먼 고향에서 기차 편 수화물로 쌀, 찹쌀, 고구마, 밤 등을 80키로 한 자루씩 담아 새끼줄로 꽁꽁 잘 묶어서 보내주셨다. 영등포역 수화물 취급소로 찾으러 가면, 제대로 포장이 안 된 자루에서 내용물이 터져 나온 것도 많았다. 결혼 후에도 몇 년간 더 보내주셔서 겨울이면 부자가 된 기분이었다. 그 후에 고속도로가 생겨 자가용으로 가게 되니 부모님의 정성은 더 많은 자루와 박스에 담아주고, 채소까지 그득 실어주었다.

한때는, 여인을 몰래 보쌈 할 때 썼던 커다란 광목자루도 있지 않았는가. 요즘은 광목으로 만든 에코 백이 유행이다. 촉감을 만지면 광목자루의 훈훈한 추억이 새삼 떠오른다.

나물 (그리운 것들 2)

무 채 써는 소리에 잠이 깼다. 음력 정월 내 생일이면, 할머니는 땅에 묻어둔 무를 꺼내 새벽부터 방안에서 무 채 를 썰었다. 그 소리에 잠이 깨면 생일인걸 알았다. 꼭 윗목에 생일상을 차려놓았다가 먹게 했다. 삼신할머니께 무탈하게 돌봐달라고 했던 것 같다. 흰쌀밥 고봉밥에 미역국, 그리고 생선, 갖가지 나물반찬 사이에 하얀 무나물이 젤 맛있었다. 우리는 6남매였는데 생일날은 흰쌀밥 고봉밥 한 그릇을 하루 종일 주인공이 먹게 했다. 그 시절 쌀밥을 먹게 되는 유일한 날이었다. 오롯이 가족의 사랑 속에 묻혀 행복했던 그 추억들이, 내 삶의 자양분이 되었다.

요즘은 밥상에서 나물반찬이 멀어지고 있다. 조금씩 살아가는 생활방식도 변하고, 바쁘게 사는 시대가 되고 보니, 간편하고 손쉬운 음식을 차려먹게 되는 것 같다. 자연스레 손이 많이 가는 나물반찬은 덜 만들어 먹게 된다.

나물반찬을 만들어 줘도 아이들은 콩나물이나 시금치나물은 잘 먹지만, 호박나물 그 외 비름나물이나 고춧잎나물 가지나물 등등은 외면하는 경우가 많다. 밋밋하고 고수한 맛이 당기지 않고, 다른 자극적인 음식이나 새로운 음식에 길들여지는 것 같다. 특히, 고기를 자주 구워먹게 되어 많은 반찬이 필요 없을 때도 있고, 사계절 내내 싱싱한 채소가 나오기 때문이기도 하다. 고사리나 도라지나물도 명절이나 제사 때만 하는 사람이 많다. 그것도 50~60대 이상 주부들이 아직 정성껏 준비 하는데, 30~40대들은 반찬

가게에서 사서 먹는 경우가 많아졌다. 10대~20대는 앞으로 더 그렇지 않을까 싶다.

내가 자란 고향 광양에는 산, 들, 강, 바다에서 얻는 재료가 풍부했다. 음식문화도 다양했고, 음식 맛도 뛰어났다. 솜씨 좋은 어머니는 김치도 종류별로 만들고, 나물반찬도, 젓갈 종류들도 가지수가 늘 많았다. 고기는 자주 먹지 못했지만 장날이면 싱싱한 생선을 사먹을 수 있었다. 제일 흔한 게 나물반찬이었고, 생일이나 명절, 제사에는 가정에 따라 홀수로 일곱 가지나 아홉 가지 이상을 준비하는 집들도 많았다. 정월대보름날이 되면 오곡밥을 하고, 말려둔 묵나물들을 모두 삶아 불려서, 나물반찬을 만들어 서로 나누어 먹었다. 보름달이 떠오를 때에 동네마다 달집을 태웠다. 아이들은 함성을 지르며 쥐불놀이를 했고, 밤에는 친구들과 오곡밥과 나물을 얻으러 다녔다. 노래도 하고 춤도 추면서, 여러 집을 돌며 받아 온 나물밥은 꿀맛이었다.

봄기운이 설핏 느껴지면, 동네 친구들과 들에 나가 논둑에 새로 올라온 쑥부쟁이를 캐고, 쑥도 캤다. 싫증이 나면, 보리 잎이 자라는 논에서 고무줄놀이를 했다. 멀리서 아지랑이가 아롱거렸다. 쑥부쟁이 나물은 데쳐서 집 간장에 참기름을 넣어 무쳐먹던 그 맛을 아직도 잊을 수가 없다. 그 해 첫 나물로 해먹던 쑥부쟁이는 훗날, 서울에 와서 살다보니 남녘에서만 많이 나는 걸 알았다. 보리를 심지 않는 논에 자운영 씨를 뿌려서 키우는 논들도 있었다. 고향에서는 풀씨라고 불렀는데 부드러운 잎을 캐어 나물을 해먹으면 맛이 있었다. 잎이 자라서 자운영 꽃이 흐드러지게 피어나면, 친구들과 꽃반지를 만들며 놀기도 했다. 자운영은 모내기 전에 갈아엎어주면 거름이 좋다고 했다.

봄이면 친구들과 산에 가서 취나물과 도라지를 캐고, 고사리도 꺾었다. 그 때는 땔감을 많이 하던 때라 산에 다니기도 쉬웠다. 나물은 바로 해먹기도 했지만, 삶아서 많이 말렸다. 도라지는 씻어 말려서 제사 때나 명절에 삶아, 쓴맛을 우려내 볶아주면 쓰지 않고 달큰한 맛이 났다. 고모나 엄마, 할머니들은 봄부터 가을까지 고구마대, 토란 대, 피마자 잎, 박나물, 무, 가지, 호박오가리를 말리고, 그 외에도 많은 채소를 말려서 겨울 반찬을 준비하는 게 일이기도 했다.

서울에 올라와 직장을 다니다 충청도 사람과 결혼해서 여덟 식구 대가족으로 살았는데, 또 다른 나물들을 먹게 되었다. 봄이면 홋닢 나물을 사다 데쳐서 고추장에 무쳐 먹는 걸 좋아했다. 여름이면 참기름 들기름에 나물을 무쳐먹는 것보다, 호박, 가지, 감자채, 꽈리고추 등을 주로 식용유에 볶아서 해먹는 걸 좋아했다. 딸아이 임신 중이던 여름에는, 그 기름 냄새가 역겨워 몹시 힘들기도 했다.

교통수단이 빠르게 좋아지게 되면서, 지역 특산물들이 각 지방에서 올라와 더 많은 나물들을 접하게 되었다. 특히 울릉도에서 자라던 부지깽이나물이나 명이나물, 강원도 지역의 곤드레나물 까지도 접하게 되었다. 중국산 나물들이 들어오고, 북한산 나물도 사먹을 수 있게 되었다. 그렇지만, 손이 많이 가는 나물은 식탁에 차려놓아도 젊은 사람들에겐 입에 당기지 않는 음식이 되어간다. 우리고향에는 밤 값이 하락을 하자, 밤나무를 자르고 산비탈에 고사리를 많이 심게 되었다. 고향에서 보내준 고사리로 나물을 해 먹으면, 여든이 된 고모가 고사리 꺾는 모습이 눈에 어린다.

지금은 딸네랑 위 아래층에 살면서 여섯 식구 밥을 해먹는다. '내 손이 내 딸보다 낫다' 는 말처럼 직장생활 하는 딸은 도와주지 못하니까

"엄마! 힘들게 하지 말고 그냥 사먹어"

하고 말만 화려하다. 그럴 때면 아련한 지난날이 떠오른다.

나는 아이들 키울 때도 생일상을 꼭 차려주었고, 외손녀도 몇 년간 해주었지만, 이제 나물반찬은 환영받지 못하고 남고 처진다.

'나물 먹고 물 마신다.' 는 말이 무색하게, 새로운 음식들 앞에 나물은 점점 밀려나고 내 안에 그리움으로 여울진다.

우물 (그리운 것들 3)

우리 마을에는 우물이 하나 있었다. 하나 밖에 없는 우물을 온 마을사람들이 길어다 먹었다. 지금 50대 이상 시골에서 자란 사람은 그렇게 산 사람들이 많았을 것이다.

동네에서 맨 위에 우리 집이 있었다. 사립 밖에 야트막한 계단 여닐곱 개를 내려가면 바로 우리 동네 사람들이 다 먹는 큰 우물이 있었다. 둥글고 높은 위에 샘은 물이 졸졸 흘러나오는 데가 보였지만, 깊어서 두레박으로 물을 길어 올렸다. 물맛도 좋고, 수질이 좋아 장수하는 사람이 많다고 했다. 집집마다 옹기로 된 동이에 물을 길어 담아 머리에 또아리를 놓고 그 위에 물동이를 이고 가서, 큰 동이 저박지에 채워놓고 살았다. 나무판 뚜껑으로 덮어 놓고 그 물을 떠서 음식도 만들고 설거지도 했었다. 옆 집 아지매는 새벽마다 흐르는 물을 엎드려 받아가 장독대에 떠놓고, 자식들을 위해 간절히 치성을 드리기도 했다. 집이 우물에서 멀수록 물을 길어 도랑 길을 따라 이고 내려가는 게 힘들고 고된 일이었다.

내가 어릴 때는, 우물이 가깝고 할머니, 엄마, 고모가 있어 나는 물을 길지 않아도 되건만, 남들이 물동이를 이고 다니는 게 부러워 엄마를 졸랐다. 그 시절에 비쌌던 작은 도랑사구를 이고 물을 조금 길어 돌계단을 올라가면, 발끝에 걸려 물동이가 깨어졌다. 그러면 다시 보채서 사달라기 일쑤였다. 그런 재미도 잠깐이었고, 초등학교 사오학년 때쯤 가벼운 양철동이가 나왔는데, 정작 커서는 게으름을 피웠었다.

아랫 통 샘은 옆으로 길쭉한 네모 모양이었다. 샘 옆으로 빨랫돌을 심어두어서 빙 둘러 앉아 물을 퍼서 채소를 씻거나 빨래도 했다. 세수 할 때나 몸을 씻을 때도 마을사람들은 바가지와 대야를 들고 와서 씻고 갔다. 빨래하는 방망이소리와 서로 주고받는 말과 웃음소리가 울려서, 집에 있어도 누가 와있는지 알 수가 있었다. 여름으로 푸성귀를 씻는 사람이 있으면, 곧잘 우리 집으로 들고와 젓갈에 쌈을 싸먹으며 놀았다. 우물에만 모이면 어느 집에 무슨 일이 있는지, 무엇을 해먹는지 훤히 알 수 있었다.

명절이나 결혼, 환갑잔치가 있으면, 남자들이 모여 잔치집이 쓸 키우던 돼지를 잡았다. 잡은 돼지는 냇가로 지고 가서 장만을 해왔다. 여자들은 잔치 집 음식 만드는 걸 도와주느라 마을이 들썩거리고, 잔치 전부터 우물가에서도 법석을 떨었다. 키우던 닭도 집에서 잡아 털을 빼고, 우물에서 잡고 씻었다. 암탉의 배를 가르면, 알을 낳을 것들이 크기대로 송알송알 들어있기도 했었다. 아이들이 보면 신기하기만 한 구경거리였다.

그 시절에는, 봄이면 집집마다 쑥을 많이 캐 말려서 보관을 했다. 설날이 가까워지면 집집마다 우물에 항아리를 두고, 말려둔 쑥을 삶아서 물을 매일 갈아주어 쓴 맛을 우려냈다. 설 대목을 준비하는 일 중의 하나였다. 그렇게 우려낸 쑥으로 집에서 떡을 만들었고 서로 나누어 먹었다. 우물가에서 종종 싸우는 소리도 들렸다. 화가 나면 물을 퍼서 상대에게 끼얹기도 했다. 우물가에 앉아 놀면 심심하지 않았다.

우물가 밭에 오동나무가 있었다. 오동꽃이 피면, 보랏빛 꽃병들이 우물에 내려앉았다. 오동꽃을 퍼내느라 사람들은 물바가지 소리가 바빠졌다. 오동꽃향기를 맡으며 마을 사람들은 “너 커서 시집갈 때 저 오동나무로 장롱을 해 줄 거다"며 놀려대었다. 자랄수록 그 말이 점점 부끄럽게 느껴졌다. 고등학교 다닐 때, 새마을 운동을 하고 마을길을 넓히게 되자, 아버지는 나무를 베어 팔아야 했다. 내가 결혼을 할 때, 그 시절 유행하던 자개장을 사주셨다.

광주로 학교를 간 사촌동생이 방학 때 친구를 데려왔다. 수돗물만 먹던 그 친구는 우물에 이끼가 있다고, 더러워 못 먹는다고 울었다. 내 눈에는 무척 의아스럽기만 했다. 내가 서울에 와서 수돗물을 먹고 살다가, 결혼한 후에 친정에 가면 그 우물에서 마을 사람들과 만났다. 아이들 기저귀도, 옷도, 그 우물에서 빨면 때도 잘 가고 손도 부드러웠다. 겨울에는 김이 나고 따뜻해서 손이 시리지 않고, 여름에는 차갑기만 한 마을 우물이 반갑고 정겨웠다.

어느 해 부턴가 고향에도 높은 산 쪽에 관정을 파서 집집마다 수도시설을 놓았다. 그 덕에 편하게 마음껏 물을 쓰며 살게 되었다. 마을 사람들은 간간히 놀기 삼아 우물에 나와 빨래를 하고 갈뿐이다. 아이들은 이제 시골에 가도 우물물을 먹으면 안 되는 줄 안다. 생수병을 들고 다니며 먹을 뿐. 그래도, 우물에 얽힌 많은 추억들은 내 기억 속에 남아있고, 물바가지 소리도 들리는 듯하다.

정지간 (그리운 것들 4)

고향집의 정지간은 그리움이다. 오랜 시간이 지났어도 내 안에 언제나 선명하다.

정지 문 왼편으로 나무를 쌓아두는 나뭇간과, 그릇을 씻어 얹는 키 높은 대나무 시렁이 있었다. 그 아래에 납작한 옹기 사구를 놓고 설거지를 했다. 오른편 입구에는 물 항아리 큰 저박지가 나무판 뚜껑에 덮여 있었다. 안쪽으로 까만 가마솥과 양은솥이 나란히 걸려 있었다. 부뚜막위엔 솔잎으로 막아둔 막걸리 식초병이 자리잡고 있었다. 반질반질 윤이 나는 가마솥에는 주로 밥을 짓거나 떡시루를 얹고 떡을 쪘다. 양은솥에는 국을 끓이거나 나물을 데치고, 물을 데워 씻기도 했다.

아궁이 앞에 앉아서 불을 땔 때가 가장 아늑하고 좋았다. 아궁이 속에서 널름거리는 불길이 황홀하기만 했다. 땔감종류에 따라 달랐지만, 내 기분에도 그날그날 느낌이 달랐다. 내가 성장하는 동안 게으름 안 부리고 말을 잘들은 일이, 아궁이 앞에 앉아 불을 때던 일이었다. 산에서 마른솔잎들을 긁어온 갈비를 땔 때, 불이 가장 잘 탔고 향긋한 솔잎 향에 빠져들기도 했다. 불 조절을 잘 해야 음식이 제대로 익어갔다. 밥이 넘거나 국이 끓어 넘치면 물에 적신 행주로 뜨거울 때 솥을 닦고, 부뚜막도 닦았다.

그때마다 부지깽이는 내 친구였다. 아궁이속 나무가 잘 타게 뒤적여 주기도 하고, 끄슬린 아궁이 앞에 많은 낙서도 했다. 부지깽이 끝으로 까맣게 문지르고 그림을 그리기도 했다. 흥이 나거나 울적할 때면 부뚜막을 두드리고 노래를 불렀다. 정지문 밖에는 계절 따라 풍경이 달랐다. 봄에는 마당가 연둣빛 뽕나무 잎과 눈을 맞추고, 긴 여름 동안은 석류꽃을 보았다. 비가 오면 처마 끝에서 떨어지는 낙숫물 소리가 음악처럼 들렸다. 젖은 운동화를 아궁이 앞에 세워 말리기도 하고, 장마가 길 때는 젖은 나무가 잘 타지 않아 연기가 매워 울기도 했다. 해질녘이면 기러기 떼들이 줄 맞추어 날아가는 것이 보였다. 사춘기 때 저녁밥을 짓는 황혼 무렵은 호젓하고 감미로웠다. 아궁이 앞에 앉아 저녁놀을 보면 왠지 뭉클해졌고, 어스름이 내리면 까닭 없이 눈물이 났다.

추수가 끝나면 탈곡을 한 짚단을 나뭇간에 옮겨놓고 불을 땠다. 깨를 털어낸 깻단으로 밥을 짓기도 했다. 콩대를 때면 콩 꼬투리가 튀어 까투리 날아가는 소리가 들리고, 콩이 익는 냄새가 고소했다. 아버지와 마을 아재들은 새 짚으로 날개와 이엉을 엮어 초가지붕을 바꿔 얹었다. 반달같이 환해진 초가집 정지간에서, 걷어낸 썩은 날개로 불을 때면 재가 많이 쌓였다. 아궁이속 재를 긁어내 잿간에 모아, 봄이 되면 밭이나 논에 뿌려 거름으로 넣었다.

불을 땔 때 제일 불편한 나무는 청솔가지였다. 마르지 않아 연기가 펄펄 나서 온 집안을 휘감아 돌았다. 눈을 뜨기도 어려워 오소리 잡는다고 농담도 했다. 낡은 대나무 울타리를 새 대나무로 갈아매주면, 뜯어낸 대나무는 불을 땠다. 대가 펑펑 터지는 소리에 깜짝깜짝 놀라게 했다. 아버지는 밭가에 뻗쳐가는 아카시아나무를 베어다 말렸다. 가시가 많은 나무를 작두로 잘라서 나뭇간에 넣어 주었다. 간혹 손이 찔리긴 했지만 불은 꽤나 잘 탔다.

제사나 명절이면 엄마는 까만 솥에 시루를 올려 떡을 안치고, 시루 밑쪽에 쌀가루를 반죽해서 꾹꾹 눌러 하얀 시루 변을 붙였다. 떡을 찔 때 솥에서 수증기가 새어나가면 떡이 고르게 잘 익지 않는다고 했다. 그 때는 잘 마른 장작을 때며 불길을 신경 써야 했다. 불길을 낮추고 뜸을 들일 때도 있었다. 잉걸불을 끌어내어 고구마나 감자를 넣어놓고, 동생들과 서로 먼저 먹는다고 다투기도 했다. 석쇠에 은 갈치나 노랑조기를 구워 아궁이 앞에서 뜯어먹던 그 맛을 잊을 수가 있을까.

엄마는 떡을 잘 찐다고 소문나서, 다른 집에 불려가서 쪄주고 오기도 했다. 떡이 잘 익지 않고 설어서 애를 먹는 사람들이 있었다. 그때는 집에서 두부도 만들었다. 맷돌에 간 콩물을 받쳐서 솥에 넣고, 부뚜막에 앉아 주걱으로 저으면 나는 아궁이에 불을 넣었다. 그럴 때는, 서서히 불을 잘 넣으라고 엄마가 연신 들여다보며 채근을 했다. 우르르 넘치면 낭패라 온 신경을 써야했다. 팥죽을 쑬 때도 그랬다. 누룽지를 끓여 숭늉을 먹는 건 매일매일 좋았다. 겨울에는 시래기 된장국만 끓여도 그 맛이 훌륭했다. 동네 친구랑 아궁이 앞에 앉아 속닥거리기도 했다. 지금 생각해보면 아궁이 앞에 앉아서 보낸 그 시절이 온실 속의 삶이었다.

뒤주 (그리운 것들 5)

벼를 보관하던 나락(벼) 뒤주를 아는 사람들이 얼마나 될까? 시골에서 살았던 상당히 나이 든 사람들은 잘 알 것이다. 그래도 벼를 찧어서 쌀을 담아두던 나무뒤주는 많이 알 것이다.

내가 어릴 때는 농사를 짓는데 기계가 따로 없었다. 논들도 경지정리가 되기 전이라 논두렁도 좁고 구불구불 했었다. 가을이면 벼가 완전히 익기 전에 미리 약간의 나락을 베다 말려서 솥에다 쪘다. 절구에 찧어 키(쳉이)로 까불러서 얻은 쌀을 올벼쌀, 혹은 찐쌀이라고 했다. 그 해, 처음 수확한 쌀로 밥을 지어 조상님께 올벼심리를 올리며 다음해에 풍년을 기원하기도 했고, 쌀이 일찍 떨어진 집은 보리에 섞어 밥을 해먹기도 했다. 보통은 입안에서 불려가며 먹는 고수한 군것질 감이기도 했다.

추수를 할 때는 논에서 벤 벼를 집까지 일일이 지게로 져다 날랐다. 마치 볏단이 아버지를 업고 오는 것 같았다. 아버지와 아재들의 걷어 올린 장딴지에는 구불구불 힘줄이 솟아 있었다. 마을 사람들은 서로 품앗이를 하며, 마당에 멍석을 깔고 나락홀태(그네)를 빙 둘러 세워놓고 벼를 훑어 털어냈다. 북적거리는 웃음 속에 아버지의 흥타령이 이어졌다. 저녁때면 누런 벼들이 마당가운데 산처럼 쌓였다. 벼를 가마니에 담아 죽담에 쌓아두기도 했고, 다음 해에 찧을 벼는 나락뒤주에 보관을 했었다.

집집마다 벼를 수확하는 형편에 따라 나락뒤주가 달랐다. 농사가 많았던 집은 단단한 나무 널빤지를 붙여서 나무 뒤주를 크게 만들어두고, 일 년 내내 몇 번을 나눠서 찧어 먹었다. 그 때는 쥐들이 많았는데 단단한 나무 뒤주는 속을 파먹지 못했다. 어느 집은 마당가에 동그랗게 양철을 둘러치고, 짚으로 이엉을 엮어 지붕을 덮었다. 그러지 못하는 집은 짚으로 엮은 날개를 겹겹이 둘러쳐서 둥글게 만들었는데, 쥐들이 파먹어 벼와 쥐똥이 함께 뒤섞여 흘러나오기도 했다. 짚으로 만든 나락뒤주는 친구들과 숨바꼭질을 할 때 숨기 좋았다. 달밤에 숨바꼭질 하다가 쥐들이 뛰어나와 놀란 적도 많았었다.

벼를 찧어서 쌀을 담아 두는 나무뒤주는 대청마루나 곳간에 놓아두었다. 풍족하게 농사를 짓는 집에 주로 있었다. 사람들이 먹고 살기 위해 귀한 쌀을 보관하던 그 쌀뒤주가, 비극의 역사로 남은 건 너무나 슬픈 일이기도 하다. 나무뒤주가 없는 집은 큰 항아리에 쌀을 담아두기도 했다. 조랑이 바가지를 넣어두고 쌀을 떠내 밥을 지었다. 쌀이 넉넉하지 않은 그 때도 어머니들은 부엌에 작은 항아리를 놓아두고, 밥을 지을 때마다 쌀 한 줌씩을 덜어 내어 '좀도리' 를 모았다. 항아리가 가득차면 어머니들은 모은 쌀을 팔아 가정에 보탬이 되게 쓸 수 있었다.

농사를 지은 벼를 농협에서 수매를 하게 되었다. 가정에서 벼를 저장 하지 않게 되니 나락뒤주도 멀어져 갔다. 내가 성장하는 동안 쌀 생산량이 점점 늘어나서 보리밥도 지어 먹지 않게 되었다. 불과 얼마 되지 않은 세월이 변화를 주었다. 사십 여년 전 서울로 시집와 사는 동안 하얀 쌀통이 새로 나와 집집마다 사놓고 쓰던 때도 있었다. 뚜껑을 열지 않아도 가족 수만큼 누르면 쌀이 쏟아져 나왔다. 도시생활은 월급을 타면 쌀 몇 가마니와 연탄 몇 백장을 사두는 게 월동준비였다. 핵가족이 된 후 그 쌀통도 밀려나고, 작은 플라스틱 쌀통이 나오기도 했다. 아파트에는 싱크대에 쌀통이 붙어 있기도 하다.

식생활문화의 변화가 빠르게 진행되어 간다. 먹거리도 전보다 풍부해졌다. 예전엔 큰 밥그릇에 밥을 담아먹던 사람들이 어느 때부턴가 공기 밥으로 바뀌었다. 더구나 요즘은 집에서도 마트에서 사온 밥을 간편하게 덥혀서 먹는 사람들이 늘어나기도 했다. 음식문화의 변화는 건강식으로 잡곡밥을 해먹는 사람들이 많아 졌다. 오랫동안 함께했던 뒤주는 아쉽게 추억에만 남아 있다.

바다를 만지다

바다는, 수많은 상처와 얼룩을 씻어내듯 쉬지 않고 파도를 던진다. 삶의 애환을 품고 출렁이는 바다를 나는 가슴으로 만진다. 밤 깊도록 잠을 이루지 못하고 뒤척거리기만 했다. 잠자리가 바뀐 탓인가? 옆 지기의 숨소리마저 답답했다. 시계를 보니 하와이 시간으로 새벽 3시였다.

창문을 열고 베란다로 나갔다. 파도는 흰 포말을 일으키며 거침없이 덮친다. 잠들지 않고 꿈틀대는 바다는 허연 거품을 쉬지 않고 물어 나른다. 와이키키 해변 밤바다를 응시하며 흔들 그네에 누워본다. 눈을 감고 있어도 정적은 물결의 높이를 가늠케 한다. 고요 속에 시간을 보내니 타국의 이질감이 느껴진다. 외로움을 밀어내듯 쏴아 하며 나를 덮쳐오는 파도가 생각을 끌어낸다.

일제시대, 머나먼 이 땅으로 끌려와 사탕수수 농사를 지으며 노예처럼 살아야 했던 우리 민족들. 지금은 비행기로 열 시간 정도면 오가는데, 그때는 배를 타고 저 머나먼 태평양 바다를 건너와야 했다. 바다위에서 거친 파도에 배 멀미로 시달리며 꼬박 열흘씩이나 걸리는 항해였다. 타국에서 억척스럽게 살아남기 위해 가족들이 필요했던 그들. 아내를 얻기 위한 선택으로 사진신부를 만났다. 얼굴 한 번 보지 못하고 오직 사진만 보고 선택했고 그들은 함께 혹독한 삶을 꾸려갔다.

타국에 있는 남정네들 사진만 보고 혼인을 하는 주인공은 어려운 가정 속에 가족을 위해 희생을 감수했던 처녀들이었다. 배고픈

가족들이나, 동생들의 뒷바라지를 위해 떠나야 했던 그녀들. 망망대해에서 파도에 흔들리는 동안 가슴속엔 아픔이 파도처럼 부서져 내렸을 것이다. 바다를 건너온 후 겪었을 슬프고 서러웠을 고단한 삶이 고스란히 느껴져 아리게 와 닿는다. 그들은 낯설고 더운 이국땅에서 처음 본 사탕수수를 가꾸며 살았다. 힘겨운 노동을 했고, 모국의 가족을 부양 했다. 사는 게 많이 궁핍 했을 때다. 부모형제가 그리워도 참고만 살았을 고된 생활. 그 와중에도 나라를 위해 독립운동 자금을 낸 훌륭한 분들도 있었다. 사람에게는 척박하고 힘든 상황에 부딪힐수록, 더욱 옹골차게 이겨내는 저력이 생기는 것 같다.

일본의 36년간의 핍박과 통치에서 벗어나 해방을 맞았을 무렵, 우리 아버지도 팔남매 장남으로 열세 살부터 대가족을 부양했다. 장사도 하고 농사도 지으며 피나는 노력을 했다. 동생들을 공부시키고, 결혼도 시키다보니 자신의 못다 한 공부가 한이라 했다. 우리 육남매에게 '공부 잘하면 유학까지 보내 주겠다.' 고 늘 힘주어 말했다. 엄마는 맏며느리 역할을 하느라 벅찬 일들과 책임감에 힘든 생활이었다. 강한 자식 사랑에 딸들에 대한 애착도 깊었다. '기죽지 않게 키우고 공부시켜 힘든 일 안하게 만들겠다.' 며 온 정성을 쏟았다. 그러면서 '딸을 절대로 장남에게 시집보내지 않겠다.' 고 누누이 말씀하셨다.

애석하게도 나는, 부모님 뜻과 의지에 맞지 않는 삶을 찾게 되었다. 직장에서 만난 남자와 결혼이 진행 되었다. 장남인데다 시할머니까지 계시는 층층시하로 시집을 가게 되자 엄마는 내 앞에서 몇 번을 우셨다. 생각할수록 기가 막혀 했지만, 살아보지 않은 나는 아무것도 모르고 태평스레 웃기만 했다.

결혼 후, 친정과 상반되는 환경에 맞닥뜨릴 줄을 전혀 몰랐다. 내가 결혼할 때 시부모님은 마흔아홉 살 동갑이었다. 교육자였던 멋쟁이 시아버지는 같은 학교 여선생님과 로맨스로 교감 퇴직을 한지 오래였다. 가족의 부양능력을 놓고 말았다. 남에게는 친절하다보니 퇴직금도, 집도, 사기당하고 무늬만 화려했다. 결혼초기에 돈을 빌려 사업을 하더니 빚을 남겨주었다. 시아버지는 양어머니와 양할머니, 두 분만 사는 집안으로 여섯 살에 양자로 들어와 떠받들어 자랐던 탓일까? 우리가족의 생활을 손 놓고 그저 꼿꼿한 방관자로 군림했다. 지배하고 억지만 쓰는 어른과 살다보니 때 아닌 사랑과 평화를 갈망하게 될 줄이야. 하룻밤만 자고와도 현관 앞에서 인사를 하고, 방에 들어가 절을 해야 했다. 여름에는 인사를 하고 샤워하는 동안 식사준비를 하다보면 '애비가 돈을 못 번다고 무시하느냐? 괄시하느냐?' 며 방안에서 벼락이 떨어졌다. 시동생들과 우르르 들어가 절을 올려야했다.

집을 처음 샀을 때 이사할 집에 도배를 직접 하기로 했다. 퇴근한 남편과 저녁도 못 먹고 준비물만 챙겨 나갔다. 대문 앞에 들어서는 어른과 마주쳐 인사를 드렸다. 그러나 '애비가 자고 왔는데 절도 안하고 어딜 가느냐?' 고 불호령이 떨어졌다. 방에 들어가 절을 올렸지만, 무릎을 꿇어앉혀 훈계를 하다 눈을 감고 쉬어가며 두어 시간이 지났다. 다리가 저리다 못해 마비가 된 채 기어 나오기 일쑤였던 수많은 일화들.

아이들이 초등학교에 다닐 때 시아버지는 간경화가 왔다. 원자력병원을 사 년간 모시고 다녔다. 더운 여름에도 나는 방문을 닫아놓고 쉬었다. 연립 뒷마당 등나무 밑에서 동네 분들이 부침개를 자주 해먹고 놀았다. 목욕탕 욕조 위에서 창문으로 바라만 보았다. 시아버지는 시동생이 결혼하겠다는 아가씨와 궁합이 나쁘다며 길길이 반대를 하다 피를 토하셨다. 서울대학병원으로 옮겨 종합검사 결과 간암 판정이 났다. 그 당시 쉽지 않았던 간 수술을 받게 되었다. 간은 잘라내면 재생이 잘되어 새로운 인생을 살수 있다는 말에 희망이 넘쳤다.

수술은 잘 되었지만, 수술자리가 여러 번 덧나는 바람에 두 달이 다되어 퇴원하게 되었다. 퇴원 전날 외출을 해 와이셔츠와 넥타이를 사고, 회갑 잔치에 맞춘 새 양복을 입고 퇴원을 하셨다. 그러나 안타깝게도 암은 남아 있었고, 복수가 차오르는 투병생활이 시작됐다. 야간응급실을 몇 번이나 다니며 복수에 찬 물을 한 방울씩 빼기도 했으나 칠년간의 병마를 이겨내지 못하고 그렇게 떠나셨다. 장례식을 집에서 치루고 청주에 있는 선산에 모셨다. 다음날 아침 일찍, 시어머니는 조의금을 당신에게 남긴 거라며 챙겨 출가외인 딸에게 주었다.

시아버지의 수첩이 나왔다. 그 속에는 여러 일정들 속에 내가 은행, 목욕탕, 동창회에 나간 시간과 귀가 시간이 빼곡히 적혀 있었다. 세상에는 전혀 다른 양상의 부모가 있었다. 엄마의 염려가 간절한 기도 였음을 알게 되었지만, 이미 풍랑이 심한 망망대해를 항해하는 중이었다. 그 와중에 나는 장녀였고, 동생들을 손잡아 줘야 할 처지였다. 직장생활을 하려면 누군가의 도움이 있어야 서울에 올라올 수가 있었다. 취직을 한 여동생도, 경찰이 되려는 남동생도 두 해씩 데리고 지냈다. 어른들 눈치 속에 짓눌리는 많은 고통이 있었지만 맏이라는 책임감은 극도의 어려움을 참아내는 힘을 주었다. 그 후로도 십년 넘게 중풍을 앓았던 시어머니를 마흔 두해동안 모시고 살았다. 앞 뒤 구별 없이 언어의 총구로 방

아쇠를 당겨 난사하던 분... 지난 가을에 요양원에 모신 후, 딸네에 이끌려 모녀 삼대가 첫 하와이 여행을 왔다.

아침을 여는 저 바다는 폭풍도 해일도 없다. 짐을 다 내려놓은 낡은 목선이 오래된 보자기를 던진다. 역경의 긴 세월을 살다 보니 크고 작은 파도와 암초에 부딪혀 멍이 들기도 했다. 칠 흙 같은 저 바다에도 여명이 밝아 오듯이, 먹구름 덥혔던 내 삶에도 더디게 붉은 석양빛이 물든다.

5월의 페이지

지난해 5월이었다. 초등학교 동창들과 남해로 1박 2일 여행을 하게 됐다. 그들과 광양에 있는 불고기 밀집촌에서 점심을 먹기로 했다. 점심을 먹기로 한 곳은 놀랍게도 오래전 첫사랑의 집 근처 냇가 앞이었다. 옛날과 달리 인위적으로 변해버린 모습에 실망했지만, 또렷하게 살아나는 옛 기억에 가슴이 콩콩 뛰었다. 망설이고 망설이다 혹시나 하고 오래 간직했던 전화번호를 눌러보았다. 얼마 만에 듣는 목소리인지, 놀랍게도 그가 받았다. 내가 상황을 말하자 그는 4년 전에 순천으로 내려와 산다고 했다. 내일 오후 순천 역에서 기차타고 서울로 올라간다고 말했더니 그도 마침 시간이 된단다.

농업고등학교에 다니며 특무생으로 학교 온실을 관리하던 나는, 1학년 가을 농번기에도 매일 학교엘 나갔다. 아침마다 유리온실을 덮은 거적데기를 걷어 올리고, 창문을 열어주고 화분에 물을 주거나 화초 잎을 닦는 게 내가 맡은 일이었다.

그날도 여느 때처럼 화초를 돌보고 있는데, 도시로 진학한 동창들이 몰려들었다. 처음 본 녀석이 꼼짝하지 않고 나를 뚫어지게 바라보고 있었다. 불에 덴 느낌이었다. 빈 교실에서 책을 볼 때도, 교정 어느 곳이건 3일 동안 쫓아다니는 까만 눈동자에 나도 감전된 느낌이었다. 우리는 열여섯 살 풋내기였다.

그 뒤 그가 보내온 편지 속에는 책을 많이 보았는지, 문학성이 가득 찬 문장들이었다. 그가 만들어 보낸 글밭에 나는 빠져 들었다. 그러다 다섯 번째 그의 편지를 끝으로 더는 받지 못했다. 겨울 방학에 그는 친구들과 함께 나를 찾아왔다. 나는 차가운 눈빛으로 쏘아보기만 했다. 그러는 내가 무섭다며 그는 돌아갔다. 그 후로도 그의 편지는 오지 않았다. 그의 행동이 납득이 가지 않아 밤을 새우는 날이 많았다. 그를 이해할 수 없었다.

친구가 전해주는 말에 의하면 그는 학교를 쉬고 검정고시로 대학 진학을 할 예정이라고 했다. 친구는 나보고 놀러 오라는 말을 전했고, 난 그 친구를 만나러 갔었다. 그와 난 냇가로 걸어갔다. 혼자 공부해서 대학 갈 생각에 친구들을 만나지 않으려고 머리를 밀고 눈썹까지 밀었다고 했다. 눌러쓴 모자를 들자 파르스름한 눈썹이 보였다.

냇가엔 하얀 조약돌들이 많았다. 버드나무도 많았다. 앞서 가던 그가 키가 큰 버드나무 밑 그늘진 곳에 앉았다. 가슴이 콩닥거렸다. 어색한 나는 그와 조금 떨어져 앉았다. 그때, 바람이 버드나무 이파리를 간질였고 나뭇잎은 반짝반짝 빛이 났다. 냇가에 자갈돌을 휘감아 도는 물 구르는 소리가 들렸다. 나는 말없이 조약돌만 만지작거렸다. '왜 편지를 하지 않았어?' 마음속으로는 수백 번 물었던 그 질문을 끝까지 던지지 못했다. 어색한 침묵에 숨이 막히려던 순간 우린 동시에 일어섰다. 그 후로도 그의 편지는 받지 못했다.

어느 날 문득 그의 집에 찾아갔을 때 집에는 아무도 없었다. 그의 방 책상에는 내게 보냈던 글인지 보내려고 한 글인지 노트를 빼곡히 채운 글들이 눈에 띄었다. 마음이 놓였다. 그러나 그 뒤로도 끝끝내 편지는 오지 않았다. 우리 학교는 남녀 공학이었는데 3학년이 되자 서로 사귀는 아이들이 늘어났다. 난 버림받은 느낌이

들어 견디기가 힘들었다.

가끔 연락을 보내고 놀러 가도 똑같은 상황이었다. 그의 여동생이 오빠에게 얘기 많이 들었다며 나를 잘 따랐다. 그 후로 여동생과 나는 방학 때 함께 영화도 보고 편지도 주고받으며 지냈다. 그의 어머니께서는 여동생이랑 함께 따뜻한 밥상도 차려 주셨다. 3학년 여름 방학 때는 서울서 내려온 형들도 부드럽게 대해주었다. 나는 일부러 그의 얼굴을 보지 않고 와버리게 되었다. 대신 동네 앞을 지나는 빨간 자전거를 보면 목이 탔지만 그의 편지는 그 뒤로도 없었다. 그만 밀어내야겠다는 생각이 들어 그에게 절교의 편지를 보냈다. 그리고 나는 흔들거리는 다리 위를 걸어가듯이 비틀거리는 힘든 날을 보냈다.

서울에서 직장생활을 할 때, 우연히 알게 된 사실은 나를 너무나 황당하게 했다. 신작로에서 우리 마을로 올라오면 아래쪽의 집에 살던 청년이 있었다. 그 청년이 배달부가 전해준 편지를 가로채 두었다가 어느 한 날 태우고 있는걸 보았다고 친구가 말해줬다. 꿈에도 상상 못한 일이었다.

그 시절은 마을에 편지를 배달하는 집배원들이, 마을에 들어설 때 만나는 사람에게 편지를 전해달라고 하면 그 집에 가서 당연히 전해주던 시절이었다. 우리 집은 마을의 제일 위쪽에 있었다. 학교를 다니지 않고 얼굴이 검던 그 오빠였다. 마주칠 때면 나를 외면하던 굳은 얼굴이 그제야 떠올랐다. 지나가버린 많은 날들! 그 얘기를 전해 들으니 퍼즐 조각들이 하나 둘 맞춰졌다. 당장 그를 만나서 진짜인지 확인해 보고 싶었지만, 그 친구는 그때 검정고시를 합격해 대학에 다니고 있었고, 대학 대신 직장 생활을 하던 나는 왠지 작아진 느낌과 몹쓸 자존심에 가로막혀 그대로 주저앉고 말았다. 그토록 차갑게 굴며 절교를 보냈던 내가 아니었던가? 그 후로 그가 해병대에 입대했다는 소식을 전해 들었다.

직장에서 만난 남편은 데이트를 할 때 나만의 상념에 젖어 있는 걸 곁에서 묵묵히 지켜보기만 했다. 보디가드가 필요했던 나는 도망치듯 결혼을 했다.

서울 올라가는 길에 순천 역에서 그와 만나기로 약속했다. 얼굴을 알아볼 수 있을지 생각이 많았다. 무슨 얘기를 할까? 손녀를 둔 할머니가 첫사랑을 만나려니 만감이 교차했다. 약속된 3시 30분! 그가 단단하게 여문 장년의 모습으로 나타났다. 그는 내게 손을 내밀며

"예쁘게 늙었네! 군대 갔다 와서 찾으니 결혼했더라."

하며 해맑게 웃는다. 나도 웃어야 하나? 따뜻한 눈빛이었다. 아스라이 많이도 흘러간 세월의 간격이 느껴지지 않는다. 북적이는 역전 커피숍에서 한 시간을 마주 보면서도 믿기지 않았다. 막힌 물꼬가 터지듯 우린 서로 먼저 이야기하기에 바빴다. 내 염려와는 달리 나이가 많은 것을 해결해 주었다. 그는 건강이 나빠져 죽음의 문턱까지 갔다 온 후, 주변 사람들의 소중함을 느꼈고, 내 생각도 났었다고 했다. 못난 자존심에 담아만 두었던 말들을 나도 조금씩 풀어냈다. 간절히 원했던 시간이었다. 우리는 살아있음에 감사했다.

나는 정말 어리석은 바보였다. 그에게 차갑게 굴어 미안했다. 곁에 사람을 두고 냉랭하게 구는 게 잔인한 짓이란 걸 그때는 몰랐다. 내가 결혼하고 연락이 됐을 때도 그는 30년 후에 만나자며 나에게 끝내 얼굴을 보여주지 않았다. 도도녀의 형벌처럼 눈물이 나게 보고 싶을 때가 많았다. 청춘의 그리움은 생채기가 나고 아팠

다. 세월만큼 나이가 더 들어가며 그의 마음도 힘들었을지 모른다고 조금씩 이해했지만, 그리움의 늪에는 슬픔이 자주 서렸다. 그렇게 잔인했던 32년이라는 세월이 무심하게도 흘러갔다.

5월의 페이지에는 연둣빛 이파리 살랑거리는 추억이 있다. 가만히 열어보면 잔잔한 파동이 인다.

그 꽃이 피면

아파트 입구에 분홍빛 꽃이 활짝 피어났다. 그 꽃과 눈이 마주치자 내 안에 현악기가 울린다. 어느새 여름방학 때가 되었다. 손녀가 다니는 유치원도 방학을 했다.

그 꽃을 처음 본 기억은 초등학교에 들어가서다. 교문 안쪽의 동그란 화단에 몸집이 큰 나무가 있었다. 구불텅한 나무 등걸을 친구들과 모여 간질이면, 간지러운 듯 가지가 오르르 떨렸다. 그게 재미있어서 연신 간질이던 간지럼 나무였다. 백일 동안 꽃이 핀다고 백일홍나무, 혹은 배롱나무라 부르는 꽃이었다. 따뜻한 남쪽고향에는 그 꽃나무가 갈수록 많아져 갔다. 어른들은 배롱나무 꽃이 세 번 피면 햅쌀밥을 먹는다고 했다. 눈에 익은 그 나무에 첫 번째 꽃이 피면, 내가 친정에 갈 수 있었던 시절이 있었다.

여름방학이 되면 직장인들도 휴가철이 되었다. 층층시하 맏며느리로 시집을 온 후 명절이 되어도 제사를 모시느라 친정에 갈 수 없었다. 교통이 발달하지 못한 그 시절에는 남녘의 고향으로 가는 일이 시간도 돈도 쉽지 않았다. 부모님과 할머니 생신에도 찾아뵙지 못했다. 첫 아이를 낳은 후 남편의 일주일간 여름휴가로 친정엘 갔다. 서울역에서 하루에 한 번, 밤 열한시 반에 출발하는 특급열차가 있었다. 서울역을 출발해서 서대전, 전주, 순천을 돌아 광양역으로 가면, 그때부터 특급열차 이름이 무색한 지역이 됐다. 면소재지인 옥곡역에도 서고, 친정인 진상역에도 섰다. 그 다음에 하동역을 지나서 진주, 삼랑진을 돌아, 대구 경북 쪽으로 거쳐 서울역에 도착하는 노선이었다. 그 반대쪽으로 도는 노선도 있어서 많은 지역사람이 이용하는 순환열차였다. 고향 진상역에서 밤 아홉시 반에 타면 새벽 다섯 시 반에 서울역에 도착했었다.

서울역에서 야간열차를 타면 밤새도록 여덟 시간을 달려갔다. 아침 일곱 시에 고향 역에 내리면, 선로 변에 핀 분홍빛 그 꽃들이 먼저 반겼다. 서서히 눈에 익은 아침 풍경이 선명하게 펼쳐졌다. 푸르른 들판 동쪽을 보면 그립던 친정집이 저만치 보였다. 설레 이는 마음으로 십여 분 걸어가면, 화사한 배롱 꽃이 손을 흔들고 있었다. 친정에는 어지신 할머니와 부모님, 형제들이 웃음이 넘치는 생활을 했다. 그런 가족 속에 살다가 시댁에서 살아보니, 말도 없고, 잘 웃지도 않는 무겁기만 한 분위기여서 홀로 유배당한 느낌이었다. 엄한 시부모님과 여덟 식구 생활에 매여 지내니 몸과 마음이 고달프기만 했다. 환경이 전혀 다른 가족이 있다는 걸 몰랐었다.

남편의 휴가가 친정에서 쉴 수 있는 진정한 나의 휴가였다. 할머니와 엄마의 사랑 속에 온 가족이 함께 웃고 지내다보면, 막혀 있던 가슴이 뻥 뚫렸다. 평온하고 익숙한 시간 속에 행복했다. 아이들이 자라며 내 유일한 휴가도 이어졌고, 많은 추억들도 쌓여갔다. 동생들이 하나 둘 결혼을 하고, 육남매의 가족이 모여 고향의 어치계곡에서 여름휴가를 즐기는 행복한 시간도 이어졌다. 계곡에서 남자들이 밥을 하는 것을 처음 본 할머니는 깜짝 놀라서 여자들을 나무랐다. 우리는 이런데 나오면 그렇게 한다며 웃었다. 점심을 먹은 코펠을 계곡물에 담가 두고, 남자들이 용소에 수영을 하러 들어갔다. 할머니는 설거지를 않는다고 여자들을 나무라며, 손수 설거지를 하려 했다. 손녀들이 남자들이 놀다 와서 할

거라고 말리자, 눈을 흘기고 웃으시며 '참 얄궂은 세상' 이라고 하셨다. 할머니는 건강하셔서 여든이 넘어서도 증손자 둘을 업어 키워주셨다. 사랑이 많으신 할머니는 아흔 여덟까지 천수를 누리고 돌아가셨다. 우리가족들은 따스했던 그 시절을 자주 떠올린다.

고향에는 흐드러지게 핀 배롱나무 가로수가 점점 많이 펼쳐져 갔다. 남녘여행을 하는 사람들도 여름을 장식하는 화사한 배롱 꽃을 보면 마음이 훨씬 밝아지리라. 외가에서 즐거운 방학을 지내던 우리 아이들은 중학생이 된 후로 컴퓨터가 없는 외가는 재미없다고 가기를 꺼려했다. 그래도, 온 가족이 모이는 여름휴가는 이십여 년 지속되다가, 차차 여행지가 다른 지역으로 바뀌어 갔다.

호흡기가 약했던 엄마는 천식으로 고생하시다, 아홉 살이 많은 아버지보다 앞서 가시었다.

그 후 친정에는 여름손님은 호랑이보다 무섭다는 말에 올케를 생각해 피하게 되었다. 아버지 생신 때나 다른 애,경사 때에만 갔다. 그러다 보니 자주 볼 수 없는 꽃이 되었다. 다행스럽게 요즘에는 서울에서도 아파트나 관공서 뜰에서 배롱나무 꽃을 볼 수 있게 되었다. 그 꽃을 보고 있으면 눈시울이 젖는다. 엄마의 고운 미소 같고, '어서 오너라!' 하는 손짓 같다.

아버지는 굉장히 부지런하고 건강하셨다. 일흔네 살 때 내가 아파트로 이사를 하자 올라 오셨다. 잠시도 집에 머무는 걸 답답해 했고, 어디든 못가 본 곳에 가길 원하셨다. 그때는 내가 산에 자주 다녀서, 사위의 함정만한 통굽 등산화를 신고 북한산 정상 백운대까지 올라갔다. 험한 산길을 오르면서도 좋아하는 판소리와 창을 쉼 없이 부르며 올라갔다. 평생 일하며 단련된 몸은 숨이 차지도 않고, 웃고 농담하며 오르는 꼿꼿한 모습에 사람들이 놀라기도 했다.

그 후에도 엄마가 동짓달에 돌아가신 뒤, 아버지를 잠깐 모시고 왔다. 시어머니가 계시니 바깥사돈을 함께 모시는 것이 조심스럽기만 했다. 엄동설한에 여든다섯 살에도 불구하고 도봉산 망월사 뒤로 올라 여섯 시간 동안 산등선을 타고도 지칠 줄 몰랐다.

아버지는 할머니를 닮으셨는지 병원에 가는 일 없이 살았다. 꼿꼿하게 장수 하실 줄 알았다. 작년 봄, 며느리가 입원을 하게 되어 요양원으로 가신 아버지는 올 해 아흔다섯이 되었다. 요양원에서는 활개치고 마음대로 걸어 다니질 못하니, 건강 상태도 점점 나빠져 갔다. 겨울부터 잇몸이 줄어들어 의치를 낄 수 없었다. 요양원 식사가 죽으로 바뀌어 나왔다. 조금씩 야위시더니 초여름에는 폐렴으로 입원을 하고 고생을 많이 하셨다.

올여름 휴가는 아버지가 계신 요양원으로 형제들이 찾아갔다. 일 년 사이에 아버지는 너무나 많이 변하셨다. 평생 볕에서 일하느라 까맣게 번들거리던 피부는 볕을 안 봐서 하얀 모습이 되었다. 치아가 없는 뽀얀 얼굴은 오물오물 아기를 닮았다. 아버지는 아기 시절로 돌아가는 것 같다. 약에 취해서, 낮에도 많이 주무시기만 하는 아버지. 간신히 깨어나 자식들을 알아보시는 것에 감사할 뿐이었다. 마침 공연단이 와서 섹스폰 연주를 하고, 한국무용 공연도 했다. 무용단이 옷을 갈아입는 사이 내가 섹스폰 연주에 맞춰 노래를 몇 곡 부르게 되었다. 몸이 불편하신 어르신들의 눈빛이 빛나는걸 보았다, 집중하고 좋아하는 모습에 음악치료의 효과를 느꼈다.

휠체어에 앉아 졸기만 하던 아버지는 뒤늦게 노래하고 춤추는 나를 알아보셨다.

"많이 뛰고 놀아라. 우리 딸 최고다."

손을 치켜세웠다. 작년 여름에는 장구를 메고 장단을 맞추던 아버지셨는데... 아쉬운 시간은 빨리도 흘러갔다.

"아부지, 저희들 갔다가 또 올게요."

귀가 많이 잡수신 아버지의 눈이 붉어졌다.

"잘 먹고들 살아라."

"네. 아부지도 잘 잡숫고 지내셔요."

"나는 많이 먹고 산다."

돌아오는 차창 밖으로 배롱나무 꽃들이 뿌옇게 번져서 지나갔다.

9월 초 아버지가 가셨다는 전화에 망연자실 했다. 아침 죽을 잡수신 후 홀연히 가시었다니, 여섯 자식 누구 하나 부르지 않고... 가을빛 물들어 가는 날이었다. 아버지를 모시는 선영에는 세 번째 핀 배롱꽃이 활짝 피어 있었다. 들녘에는 벼들이 누렇게 익어가고 있었다.

배롱나무 꽃은 7월 중순 첫 번째 꽃이 활짝 피어난다. 하나 둘 아래쪽에서부터 꽃잎이 지는 동안 다른 꽃가지가 나와 송알송알 맺힌다. 그리고 8월이면 두 번째 꽃송이가 흐드러지게 피고, 9월이면 세 번째 꽃송이들이 다시 봉실봉실 피어난다. 이제는 배롱나무 꽃이 세 번째 필 때, 부지런하고 웃음이 많던 부모님을 찾게 되었다.

꿈이 피어나는 연주회

세 번째 연주회를 마쳤다. 연주곡은 '야생화' 였다. 들꽃의 느낌을 살리려고 나는 노란색 드레스를 입고 무대 위에서 피아노를 쳤다. 늦은 나이에 걸음마를 시작한 '모차르트 피아노학원' 에서는 노원문화예술회관에서 해마다 연주회를 해왔다. 올해로 19회째였다. 세 번째 하는 내 연주회를 지켜본 학원생 부모님들이 많이 발전했다고 응원을 보내주어 힘을 얻는다. 올해는 손녀와 딸이 피아노 합주도 했다. 모녀 3대가 함께 연주회에 참가한 새로운 추억을 남겼다.

두 해 전 여름이었다. 여든 세 살 할머니가 방송에 나와 강의를 했다. 이화여대 재학 중에 결혼을 하고 학칙에 따라 중퇴로 남았었단다. 많은 세월이 흐른 뒤 일흔이 넘어서 제도가 바뀐 모교에 복학을 할 수 있었단다. 졸업을 한 후, 다시 다른 과로 진학을 해서 마쳤단다. 그도 놀라운데 다섯 가지 악기를 배우겠다는 목표를 세워놓고, 현재 세 가지를 배우고 있다고 말했다. 나이를 초월한 그녀의 놀라운 열정과 패기에 이화여대 강당을 가득 메운 젊은 후배들은 열띤 박수와 함성을 질러댔다.

"선배님 존경 합니다!" 하고 끝없이 외치고 있었다. 그 신선한 자극이 꿈으로만 남아있던 피아노에 도전하는 계기가 되었다.

딸아이가 치던 피아노를 묵혀두고 있었다. 결혼한 딸은 아래층에 살았다. 피아노와 담을 쌓고 지낸 지 오래였다. 어쩌면 다섯 살이 된 손녀랑 함께 배우면 재미있을 것 같았다. 나는 먼저 학원에

등록을 했다. 바이엘 초급을 배우는데 생각보다 어려웠다. 넉 달째 접어든 날, '연주회 준비를 하자' 는 원장님 말씀에 깜짝 놀랐다. 아직은 그럴 실력이 안 되어 못한다고 하자, 연주곡을 정하고 석 달 동안 연습을 하면 된다고 용기를 주었다. 울며 겨자 먹기로 연습에 연습을 반복하게 됐다. 낯선 연주곡이 어려워 원망스럽기도 했다. 진도를 나가며 연습을 집중적으로 하다 보니 조금씩 손에 익어 갔다. 노력을 하는 만큼 녹슬어 가던 머릿속이 슬며시 자리를 내어 주는 것 같았다. 원장님은 새 진도를 나갈 때마다 어려워하는 내게 매번 "정말 잘하셔요! 정말 대단하세요!" 하는 말을 꼭 해주셨다. 그 말들이 격려가 되고 도전하는 마력이 되었다.

젊음은 나를 버리고 가버렸다. 둔해진 머리로 악보를 보며 연습을 하다보면 정신이 멍할 때도 있었다. 초등학교 시절에는 학예회 때 겁 없이 무대에 올라 무용도 잘 했다. 나이가 들어 처음 무대에서 연주할 곡은 기타연주로 귀에 익은 '로망스' 였다. 다행히 리허설 때는 생각보다 잘했다. 본 연주에서는 관객을 의식해 긴장이 되고 떨렸지만 처음이라 멋모르고 해냈다. 불안하고 어렵게 느껴졌던 첫 번째 연주회를 끝내고 나니, 한 뼘쯤 성장한 걸 느꼈다. 원장님은 '그래서 해마다 연주회를 한다' 고 말했다.

점점 책이 늘고 악보도 갈수록 어려워졌다. 진도를 나가다보면 버거울 때가 많았다. 그러나 피아노의 맑은 선율에 내 영혼이 날아오르기도 하고, 때로는 무거운 삶의 무게를 가만히 위로해 주기도 했다. 내면에서 몰입하는 집중력이 생겨 차차 자신감이 붙어갔다. 학원에서 만나는 손녀 또래 유치원생들과 초, 중학생들의 초롱초롱한 눈빛을 보면 주눅이 든다. 아이들이 작은 손가락으로 건반을 두드리는 피아노 소리는 강한 울림이 되어 느슨해지는 마음에 채찍이 되어주었다. 그 아이들의 영특한 흡수력이 얼마나 부러운가! '구르는 돌에는 이끼가 끼지 않는다.' 하니 쉼 없이 굴러가야 했다.

외손녀도 여섯 살이 되어 지난해 초부터 피아노를 배우기 시작했다. 한 달이 되었을 때 연주회 연습을 같이 하게 되었다. 원장님은 손녀와 '고양이 춤' 곡을 합주 해보라고 권했다. 아직 악보를 잘 못 보는 손녀는 선생님이 알려주는 대로 건반을 치는 연습을 하며 척척 외워 나갔다. 나는 '사랑의 찬가' 를 연습하고, 손녀와 하는 합주곡까지 연습하느라 두 곡의 악보를 외우는 게 너무 어려웠다. 할 수 있을까 걱정이 많았다. 석 달 동안 끈질긴 연습을 하는 사이 차차 양 손이 외워 가는 게 대견했다. 그 때가 두 번째 하는 연주회였다. 리허설을 할 때는 손녀와 하는 합주곡을 당당하게 잘 연주했다. 그런데 본 연주회에서는 잘 치다 뒷부분을 까먹어 당혹스러웠다. 손녀에게 미안해서 미소를 지으며 마무리를 하니 격려의 박수가 쏟아졌다. 그 바람에 혼자 하는 '사랑의 찬가' 도 실수를 해서 아쉽고 안타까웠다. 관객들이 할머니와 손녀의 연주는 처음 보아서 감동이었고 눈물이 났다는 말에 노력한 보람을 느꼈다. 꾸준히 배우다보면 손녀를 실망 시키지 않게 연주 하는 날이 다시 오지 않을까!

학원에는 낮12시부터 성인반 수업을 시작한다. 지인들과의 점심모임도 하지 못하는 생활이 되었다. 그러다 보니 원장선생님이 오롯이 '친구도 되고, 연인도 된다' 고 말해놓고 함께 웃는다. 매일 보는 원장님은 성품이 무척 따뜻하시다. 아이들 한 명 한 명에게 아낌없이 사랑을 쏟아주신다. 그 모습을 보면 심성의 깊이를 느꼈다. 글을 쓰는 나와 교감을 나누는 감성지수도 높아 보너

스와 같다. 사람은 그렇게 시나브로 적응을 하며 사는 맛을 느끼나 보다.

어느새 2년 째 피아노를 배우는 손녀는 집에서도 자주 가족 연주회를 하자고 보챈다. 워낙 고수인 딸은 학창시절에 배웠던 많은 곡들을 외우고 있어 부럽고 샘이 난다. 청중은 남편과 사위가 되어준다. 연주가 끝나면 박수를 쳐 달라고 요청하는 손녀. 그 덕에 웃음이 어우러진다. 꿈을 쫓아 가파른 언덕을 오르고 있다.

고향의 전통

올해는 3월10일에, 모교 초등학교 동창회를 고향에서 했다. 전국에서 37명의 친구들이 모였다. 일박이일동안 고로쇠나무에서 받은 물을 먹으며 정겨운 모임을 가졌다. 염소 불고기와 닭백숙도 먹고, 호박시루떡, 김부각, 또 갖가지 고향 먹거리들은 친구들만큼이나 푸짐하고 반가웠다.

백운산과 억불봉이 있는 고향인 광양에는 아주 옛날부터 높은 산에 자생하는 고로쇠나무 수액을 받아먹어 왔다. 절기인 경칩, 앞, 뒤로 한 달간이 고로쇠나무 물이 가장 잘 나오고 그 때가 물을 먹으면 좋은 시기라 했다. 내가 어렸을 때부터 할머니들과, 엄마들, 마을 아지매들이 쌀자루를 머리에 이고, 20여리 길을 걸어가서 어치계곡 산골로 고로쇠나무 물을 먹으러 가는걸 보며 자랐다. 거기 고로쇠나무 물을 먹는 집에서는 방바닥이 절절 끓도록 불을 때준다 했다. 그 시절 여인들은 다산을 많이 했지만 산후 조리도 못한 채 노동에 시달리고 살았다. 중년이 넘으면서 저리고 아픈 몸을 고로쇠 물을 먹으며 밤새 뜨거운 방에서 찜질을 하고 온다고 했다.

물을 많이 먹기 위해 북어포나 오징어, 김부각 등을 고추장에 찍어 먹었다. 그러면 물이 계속 당겨 많이 먹게 된다. 고로쇠나무에서 받은 수액은 처음에는 풀 맛이 느껴진다. 시간이 지날수록 점점 더 달달한 맛이 나게 된다. 주로 옹기사구에 담아놓고 쪽박으로 떠 담아 먹는데, 이 물은 아무리 많이 먹어도 탈이 나지 않았다. 물을 계속 마시면, 땀이 많이 흐르고, 몸속 노폐물도 빠져나가 좋다고 알려져 왔다. 밤새 마시고 찜질을 하고 오면, 몸이 가볍고 맑게 느껴졌다. 뼈에도 좋고, 위장에도 좋아서 골리수 라고도 불러왔다.

세월이 흐르면서, 고향에서 학교를 마치고 직장을 찾아 도시로 떠나는 사람들이 많아졌다. 고로쇠 물을 먹어온 전통이 사람들을 만나게 되는 역할이 되었다. 동창회나 친목회가 점점 번성해졌다. 선, 후배나 가족, 형제들 모임도 늘고 점점 모여드는 계기가 되었다. 고향친구들과는 혀를 굴려 서울말을 하지 않아도 된다. '가이내, 머이마,' 로도 부르는 고향 토속어를 쓰기도 하고, 어른들이 말하던 투박스런 사투리들을 주고받는 것만으로도 배꼽 빠지게 웃고 떠든다. 날이 갈수록 고로쇠나무도 많이 심게 되었고, 전문적인 민박이나 산장이 늘어났다. 그 때가 되면 몰려드는 사람보다 물이 부족해서 거제도나 다른 지역 고로쇠 물을 받아 파는 집도 많아졌다.

최근에는 전국의 고로쇠 물 성분 검사에서, 광양 백운산자락에 자생하는 고로쇠나무 물 성분이 젤 높게 나온 게 놀라웠다. 칼륨, 칼슘, 미네랄, 마그네슘 등등. 고향사람들은 굳이 그런 걸 따지며 찾는 건 아니다. 흩어져있던 친구들이나 지인을 만나 절절 끓는 방에서 밤늦도록 물도 마시고, 웃고, 떠들며 동심에 푹 젖는 게 마냥 좋은 것이다. 자연히 몸도 마음도 해갈이 되는 느낌을 받는다.

나는 고향에서 오래전부터 내려온 전통에 감사한다. 정겨운 만남으로 이어지는 문화가 뿌듯하고 자랑스럽다. 고향지역 학교 선, 후배들이 어치 골짝에 있는 여러 산장에서 기수대로 모임을 하다 보면, 같은 마을에서 자란 사람이나 이웃 친구도 만나게 된다. 형제, 자매들도 모두 동문이 많다. 그런 곳에서 만나면 더 들뜨고 축제 기분을 느낀다. 이젠 많이 알려져서 다른 지역 사람들도 어울려 찾아온다. 주문해서 택배로 받아먹는 사람들도 많아졌다.

이 때에 남녘 고향을 찾으면, 봄의 전령 매화가 터져 나오며 반겨주기 시작한다. 3월 중순쯤 매화축제가 열린다. 축제 때는 인파와 차량으로 매화마을 가는 길은 북새통이 된다. 푸른 섬진강 물과 어우러져 하얗게 매화가 피면 아름다운 수채화가 펼쳐진다. 사람들은 봄을 느끼며 가슴이 설레게 된다. 고향에 살아계신 부모님이나 친척을 찾아뵙는 계기도 된다. 산자락 밭에 비닐을 덮어서 키운 첫 취나물을 얻어 가는데 맛도 좋고, 향기도 진한 고향의 특산물이다.

올해는, 내려가는 날 친구의 주선으로 서울 팀들이 광양제철소 안을 둘러보았다. 용광로에서 펄펄 끓여 달군 두꺼운 쇳물을 안에서 식혀가는 과정을 처음 보았다. 시뻘건 철판의 두께를 점점 얇게 눌러주며 돌돌 말아 가는 과정은 실로 놀라웠다. 세계적으로도 제일 크다는 그 규모에도 놀랐다.

1박2일의 동창모임을 마치고 돌아오는 날, 회장단에서 지역특산물인 김부각을 한 박스씩 나눠주었다. 분홍보자기에 싸준걸 들고 오니 친정에 다녀가는 기분이었다. 자식들 바리바리 싸 주길 좋아하시던 엄마는 7년 전에 천식으로 돌아가셨고, 지난해에는 95세 아버지를 순천에 있는 요양원에 모셨다. 처음으로 고향집에 발을 딛지 않고 돌아오는 허전함을 슬며시 달래주는 듯했다. 제자리로 흩어져간 코흘리개 친구들! 내년 봄이 오면 다시 만날 기대를 안고, 아름다운 고향의 전통을 되새겨본다.

너를 만났다

초여름 햇살이 눈부실 때였다. 친구가 초등모임방에 올린 사진을 보고, 나는 환호를 터트렸다. 너를 보는 게 얼마 만인가? 들뜬 마음으로 너를 향한 그리움이 불붙어 조급해지기만 했다. 다음날은 정신없이 여러 곳을 수소문해 찾아다녔다. 한 나절을 헤맨 후에야 하남 쪽에 가서 너를 만날 수 있었다.

여전히 강렬한 눈빛과 내 키만 한 너와 마주치자, 세상을 다 얻은 것처럼 환희를 느꼈다. 너를 태워서 집으로 왔다. 새롭게 한 집살이를 시작하니 감회가 깊기만 하다. 우리 형제들이 모여 고향집 얘기를 할 때면 꼭 들먹거리는 너, 식구처럼 정이 든 너! 내가 처음 신발짝 딛고 마당을 돌아다닐 때부터 너는 나를 지켜보았다. 대가족의 북적거림 속에 귀여움 받으며 크는 동안, 너 역시도 그랬었다. 해가 갈수록 내가 자라나듯이 너도 함께 자라났고, 가족들도 너를 대견해 하며 모두가 예뻐했다. 우리 집에 오는 사람들마저도 널 보면 기분이 좋아진다며 칭찬을 했었다.

한겨울, 눈 덮인 뒤란 위 대숲에서 철퍼덕 눈 똥 누는 소리도 우린 함께 들었다. 긴 겨울동안 솜옷 한 벌 입지 못하고, 묵묵히 흰 눈 뒤집어쓴 장독대만 엿보던 너. 화사한 봄 햇살 찬란해지고 감꽃이 피었다 떨어지면, 너도 왕관을 쓴 채 화려한 자태로 피어나기 시작했다. 볕살이 뜨거운 유월이 오면, 속살까지 잘 익은 떡 살구가 마당가에 툭 툭 풀매를 쳤다. 그 때마다 놀라던 우리는 조금씩 키가 자라고 있었다. 보리타작을 하는 날은 온종일 보리 까시

락을 뒤집어 쓴 너를 보며 안타까워했었다.

여름이 오면 아침에 눈 뜨자마자 방문을 열고, 화사한 네 모습과 눈 맞추는 게 좋았다. 집을 나설 때면 너도 슬며시 고개를 주억거렸다. 학교를 마치고 들어서면 매혹적인 네 입술에 입맞춤하고 싶었지만, 건달 같은 바람이 독차지 하고 놀았다. 여름 내내 네 주머니가 볼록하게 커져 갔다. 장대비가 쏟아지면 채송화도 맨드라미도 펑펑 울었다. 너는 늘어진 옷소매를 휘저으며 다알리아를 품고 울었다. 낙숫물 떨어지는 처마 밑 볼우물이 눈물범벅으로 토닥토닥 달래고 있었다.

밤이 되면 평상 옆에 모깃불 피워놓고, 할머니가 들려주는 옛이야기도 너와 함께 놓치지 않고 같이 들었다. 밤하늘에 찬란하던 별무리들이 좋았고, 은하수를 쫓아가며 자라났다. 사립 밖의 우물에서 법석이던 동네 아지매들은 자주 한꺼번에 쳐들어 왔다. 젓갈에 푸성귀 싸먹으며 왁자지껄 소란스러운 날은 귀가 따가웠다. 서산에 노을 내려앉으면 저녁을 짓는 아궁이에 불을 땠다. 외로움을 쫓으며 부지깽이로 부뚜막 두드리며 노래를 불렀다. 그때마다 너는 붉어진 모습으로 내 노래를 들어주는 유일한 청중이었다.

모내기를 끝내고 나면 부모님은 비단 장사를 하러 객지로 나가셨다. 우리는 육남매였고 학교를 다니는 책가방이 많았다. 부모님은 농사도 짓고, 장사도 하며, 늘 바쁘게 사셨다. 엄마의 빈자리가 울적해 질 때면 너의 밝은 모습을 보며 생기도 얻고, 나도 너와 함께 여물어 갔다. 농사일로 바쁜 날에도 아버지는 밤늦도록 새끼를 꼬고, 가마니틀 앞에 앉아 가마니를 짜셨다. 철커덕 철커덕 가마니틀 소리는, 우리가 잠결에도 들었던 자장가였다.

친근해서 위로가 느껴지면 절로 마음이 깃든다. 함께 한 세월만큼 우리는 많은 추억을 간직 했다. 한 집에서 스무 해 넘게 마주보며 살았으니, 너는 나의 동무 같고, 동기간 같기도 했다. 결혼을 하고 여태까지 서울에서 사는 동안 네 동무조차도 쉽게 보지 못했다. 시집살이에 힘든 긴 세월동안 채워지지 않는 허전함만 내 몫이었다. 고향에서는 자주 보던 널, 보기 어려웠던 이유를 이제야 알게 되었다. 너는 나보다 추위를 더 많이 타기에 이곳 서울에서는 네가 살기 힘든 곳이었음을.

매혹적인 빛으로 왕관 위에 피어나는 너는 신분이 몹시 높았다. 가시 호위병들이 언제나 너를 지키고 있었다. 추석이 다가오고 초가을 햇살이 따가워지면, 너는 빨갛게 커진 주머니 속을 조심스레 열어 보였다. 알알이 빛나는 붉은 보석이 터져 나오면, 우리 가족은 경이로움에 가득 찼었다.

애틋해서 오래된 연인 같은 석류나무, 너와 다시 한 집에서 마주본다. 화려한 빛깔로 피어나는 초여름이 오면, 내 기분이 들뜨게 될 것을 안다. 왕관 속에 보석이 커져 갈수록, 내 마음의 공간도 알알이 채워질 것이다.

달이 물에 빠졌어요

외손녀가 식탁에 앉더니 노래를 한다.

"날마다 우리에게 양식을 주시는 은혜로우신 하나님 참 감사 합니다 아멘, 잘 먹겠습니다" 하고 웃는다. 유치원에서 점심 먹기 전에 노래를 한단다. 그 노래에 감전되는 느낌을 받았다. 오래전에 돌보아주던 손녀 또래 아이들 모습이 왈칵 떠올랐다. 그리움이 부메랑을 타고 날아갔다.

돌아보면 내 성장기는 비눗방울 같이 느껴진다. 미약한 색으로 떠오르다 순식간에 스러지고 마는 비눗방울, 철없고 분명하지 않은 자존심만 섬처럼 떠있었다. 아버지는 늘 말씀하셨다. "공부만 잘하면 너를 미국 유학이라도 보내 줄 것이다" 그러나 농업고등학교 과목과 실습이 나는 적성에 맞지 않았다.

대학 진학준비를 하지 않았다. 졸업 전인 마지막 겨울방학 때였다. 아버지는 서울에서 우체국장을 하는 이웃마을 분에게 전화교환원 취직을 부탁하셨다. 충무로에 있는 그 댁에서 일주일을 지냈는데, 감사가 시작되었다고 당분간 집에 가서 기다리라 했다. 취업이 되면 야간대학을 다니고 싶었다. 숭의전문대 유아교육과 야간원서를 사갔던 게 잘못이었다. 그걸 안 그 분이 취업을 시켜주지 않았다. 3월부터 봄이 왔지만 학교를 졸업하여 무료한 시간들이 이어졌다. 나는 제대로 시골일도 할 줄 모르는 어중 잽이 였다.

못자리에 뿌린 볍씨가 파릇파릇 자랐다. 아버지는 재를 담아다 거름으로 못자리에 뿌려주라고 하셨다. 재를 풀풀 뿌려주는 낯선 노동은 어색하고 서툴렀다. 광주여상을 다니던 사촌동생이 와서 이야기를 나누던 중, 아는 분이 광주 보육원에서 보모로 있다는 말을 했다. 나도 아이들을 돌보고 싶으니 알아봐 달라 했다. 그렇게 해서 7월부터 광주 사직공원에 있는 보육원 '충현원' 에 들어갔다.

사직공원 서쪽 편에 자리 잡은 보육원은 산자락에 아늑하게 터를 잡아 전망도 좋았다. 원장님이 여자 분이셨다. 식당일을 하는 분을 식당이모라 불렀다. 아이들은 모두 세 반이 있었다. 개나리반, 종달이반, 토끼반이었는데, 나는 토끼반을 맡았다. 네 살부터 여덟 살까지 열 네 명이었다. 아이들은 나를 토끼이모라고 불렀다. 나를 소개해 준 개나리이모는 나 보다 나이가 많아 약혼자도 있었다. 눈이 새카맣던 종달이 이모와도 친하게 되었다. 선배로서 아이들 돌보는 어려운 일이나 내 역할을 잘 알려주었다. 그 때는, 교육적인 어떤 프로그램 같은 것이 따로 없었다.

아이들이 안쓰러웠고 측은했다. 알고 있는 동화도 들려주고 할머니께 많이 들었던 옛날이야기도 들려주었다. 동요도 많이 가르치고, 무용도 함께 했다. 넓은 주변 산자락에 산보를 다니며 꽃 이름이나 나무, 풀, 이름들도 알려주었다. 어느 날 사직공원에 있는 야외수영장을 견학하러 갔다.

"이모! 이모! 달이 물에 빠졌어요!" 하는 소리에 돌아보니 파란색 칠을 한 수영장 물속에 낮달이 비춰 보였다. 그걸 본 아이가 신기해서 소리를 쳤다. 하늘에 떠있는 낮달이 비친 거라며 설명을 해주고 동심을 따라 함께 웃었다.

나이가 젤 어린 네 살 현아부터, 유미, 은정이, 미숙이, 은미, 미정이 등, 남자아이는 지적장애가 있는 정수 한 명뿐이었다. 여덟 살 미숙이는 참 의젓해서 심부름도 잘해주고, 아이들도 잘 돌봐주었다. 여름이라 우물에서 아이들을 씻겼다. 머리만 감기는 날은 아이들을 안고 감겨주는데, 유난히 미정이가 물을 싫어해서 소리를 지르며 무척 힘들게 했다. 식당에서는 식사 전에 손녀가 부르던 '감사기도 노래'를 꼭 합창했다. 반찬이 많지 않았지만 그때 우리 아이들은 뭐든지 잘 먹었고 감자 호박 넣은 된장국을 거의 매일 먹었다. 된장국 맛이 집에서 먹던 맛과 달랐다. 왜된장이라고 일본에서 후원을 받는다는데 낮 설긴 했어도 맛있었다. 해맑고 초롱초롱한 눈망울 속에서 철없는 내 영혼과 잘 어우러져, 함께 보내는 생활이 즐겁기만 했다.

어느 날 엄마 아버지가 저녁 무렵 찾아오셨다. 일인용 누런 군용담요를 깔고, 열네 명 아이들 머리를 양쪽 편으로 나란히 누이고 담요를 하나씩 덮어서 재웠다. 그 곁에서 함께 자며 아이들을 돌보고 지냈다. 그 모습을 처음 본 엄마가 눈물을 흘리셨다.

"애가 애를 키우고 있네! 어린 게 어찌 이런 일을 하느냐?"며 엄마는 안쓰러워 보이는지 울기만 하다가 가셨다. 열아홉 살이던 나는 별로 힘든 줄을 몰랐다. 동네 아이들 머리를 잘라주던 것처럼 아이들 머리도 잘라주며 잘 지낼 수 있었다. 어느 날 일곱 살 숙희가 결핵에 걸린 걸 알게 되었다. 약을 먹이면서, 먹는 것도 잘 먹어야 빨리 낳는다는 말에, 가끔 계란이라도 먹게 하려다 원장님과 마찰이 생기기도 했다.

더위가 스러지고 산자락에 억새가 피는 9월이 되었다. 원장님이 아이들을 잘되게 하려고 외국으로 입양을 시킬 계획이라는 소식을 들었다. 그 때가 고아수출의 시작이 아니었을지. 마음이 답답하던 때에 집에서 소식이 왔다. 서울에 있는 집안 언니에게 취직을 부탁 했으니 올라가라고 했다. 이런저런 아쉬움이 남았다. 그리고 서울에 대한 동경도 생겨났다. 아이들과 함께 지내던 사회초년 생활은 3개월 만에 마무리 했다. 10월에 서울로 상경 했다. 갑자기 아이들과 헤어지고 나니 새끼 잃은 어미처럼 나는 자주 눈물이 났다. 아이들 하나하나의 모습이 자주 떠올랐다. 낯선 나라에서 얼굴도 다른 사람들을 만나게 되면 말도 통하지 않을 텐데… 얼마나 혼란스러울지 걱정이 많이 됐다. 나는 마음이 따뜻한 양부모를 만날 수 있게 해달라고 빌었다.

그 후로 뉴스에서 해외입양 소식이 나오면, 그 아이들 생각이 났다. 뉴스를 보면 묻혀있던 기억이 점화가 되어 눈앞에 펼쳐졌다. 이모! 이모! 하고 부르는 아이들 소리가 귓전을 맴돌았다. 특히, 네 살이던 어린 현아의 모습이 더 눈에 밟혔다.

세월이 많이 흐른 뒤, 해외 입양된 아이들이 성장해서 부모를 찾아 고국으로 돌아오는 뉴스를 보았다. 잊고 지냈던 그 아이들 생각이 났다. 보고 싶고 그립기도 했다. 만나보아도 알아보지도 못하게 성장했을 그 아이들이, 꼭 생부나 생모를 찾게 되길 간절히 빌어보았다.

사랑이어라

들녘은 벼 포기가 살을 찌우느라 초록 물결을 뿜어 올리고 있었다. 7월 초의 신작로가 유난히 하얗게 보였다. 혼자 발끝에 부딪히는 자갈을 톡톡 차며 심심함을 쫓고 걸었다. 찰방찰방 물이 차 있는 논에서 개구리 소리가 구성지게 들렸다. 신작로에서 마을길로 접어들면 구불구불한 고갯길을 한참 걸어 올라갔다. 땀이 찬 교복 등에 바람을 넣어 주듯, 내리막길을 치달으면 동네 우물이 먼저 반겼다. 왼쪽으로 나지막한 돌계단 여섯 칸을 휘파람을 휙 불며 올라갔다.

"할머니!" 하고 외치면 할머니가 달려 나와 햇살처럼 웃으시고, 둘이 껴안고 콩콩 뛰었었다. 할머니가 끔찍이도 애지중지 해주셨기에 부모님이 안 계실 때도 우리 6남매는 할머니와 함께 늘 웃으며 살았다. 오늘 아침에 사립문을 나설 때까지 마을은 싱그러운 초록으로 물들어 있었다.

"할머니, 학교 다녀왔습니다!"

얼굴이 하얗게 질린 할머니가 달려왔다.

"애! 혹시 시렁 위 농 안에 있던 돈 보지 못했니?"

"아니요 못 봤는데요."

할머니 얼굴이 사색이 다 되었다.

"할머니, 내가 돈을 뭐하게 가져가요?"

"그러게 말이다. 돈을 아무리 찾아봐도 없구나. 글쎄."

혀끝을 끌끌 차며 애가 닳은 모습에 나는 어리둥절했다.

얼마 전 경찰인 막내 삼촌이 결혼자금으로 쓸 곗돈을 탔다고 가져가라는 연락이 왔다. 고등학교 2학년 때였다. 나는 처음 가보는 곳이었지만, 완행버스를 타고 순천으로 가서 다시 구례로 가는 버스를 타고 갔다. 일러 준대로 서면으로 들어가는 낯선 삼거리에서 내렸다. 삼촌은 그 곳 경찰 초소에서 근무하고 있었다. 처음 본 큰돈을 보자기에 잘 접은 후 가슴에다 빙 둘러서 묶어 주셨다. 삼촌은 소매치기에 조심해야 한다며, 몇 번이고 눈을 똑바로 맞추고 당부했다. 나는 찾아갈 때와 같이 차를 갈아타고 와서 할머니께 무사히 돈을 넘겨 드렸다.

할머니는 누가 알세라, 안방 나무 시렁위에 얹힌 검은 농짝 속에 단단히 넣어 두었던가 보다. 삼촌이 휴가 올 때가 되어 돈을 아무리 찾아봐도 없단다.

"할머니 저하고 다시 한 번 찾아봐요."

두 농짝 속에 접어 넣어둔 옷들을 하나씩 꺼내면서 펴보고 흔들어 보기도 했다. 모시옷, 삼베옷도 있고, 무명옷은 홑옷과 솜옷도 있었다. 여러 켤레의 솜버선 홑버선까지 뒤집어 보았지만 돈은 나오지 않았다. 두루마기도 고쟁이도 두 농짝에서 꺼내 놓은 옷들이 방바닥에 산더미 같았다. 귀신이 곡할 노릇이란 말이 딱 맞는 형국이었다. 단단히 잘 넣어 두었는데 없다며, 겁 많고 간도 작은 할머니의 목소리가 발발 떨렸다. 할머니께 어느 옷 속에 넣어두었는지 찬찬히 생각을 해보고 찾으면, 분명히 있을 거라고 위로를 해드렸다. 그리고 나서 친구들과 어울리거나 문학지에 파묻혀 밤을 새워가며 잊고 살았다. 할머니는 집안 할머니들과 몇 번이나 농속의 옷을 뒤지며 찾아보았지만 매번 돈을 찾지 못하고 허탕만 치고 있었다. 그러다가 애간장이 닳을 대로 다 닳은 후에 돈을 꼭꼭 넣어둔 옷이 불현 듯 생각나 다시 그 돈을 찾게 되었다.

"어찌 그리도 생각이 안 났는지…"

할머니는 돈을 찾은 후 머리를 절레절레 흔들고 한숨을 내 쉬셨다. 부모님은 오랫동안 오일장을 돌며 물감과 잡화 장사를 하셨다. 내가 중학생이 되자, 대구 서문시장에서 비단을 떼어다 먼 지역 시골에 비단을 팔러 다니는 행상을 시작했다. 농사철이 시작되기 전 이른 봄부터 외상으로 비단을 깔아놓고 오셨다. 보리타작과 모내기를 마치면 다시 농한기를 빌려 여름 동안 무거운 비단 보따리를 이고 지고 윗녘으로 장사를 다녔다. 덕분에 시골에서도 우리 육 남매는 어렵지 않게 자랄 수 있었다.

여름은 가는지도 모르게 가을빛이 배여 들었다. 농번기가 닥치자 어김없이 부모님이 돌아오셨다. 부지런히 마을 사람들과 품앗이를 해가며 추수를 끝내놓고, 논밭에도 보리를 다 갈아놓자 수금을 하러 다시 객지로 나가셨다. 초겨울에 학교에서 제주도로 수학여행을 간다고 했다. 적지 않은 여행비를 내는데 부모님이 계시지 않아 난감했다. 아무에게 묻지도 않고 혼자 포기 했다. 출발하는 날 아침에 기차 시간이 다가오자 갑자기 서럽고 눈물이 났다.

"할머니 오늘 수학여행 가는데 저도 가고 싶어요."

"저런 얼마면 되느냐? 내가 그 돈을 마련해주마."

"말하기 좋아하는 동네 사람들이 돈 있는 줄 아는 네가 가져간 게 아니냐고 수근 거리는 소리를 듣고, 내 불찰로 인해 생긴 일인데 마음이 아파서 뭐라도 해주려 했었다."

할머니가 쌈지 돈을 털어 내어주시자 수학여행을 가게 되어 무척이나 기뻤다. 면소재지에 있던 우리 학교는 농업고등학교였고 남녀공학이었다. 2학년인 농과, 토목과 친구들이 완행열차를 타고 목포엘 갔다. 목포에서 6시간을 배를 타고 제주도로 떠났다. 하늘과 수평선만 보이는 막막한 바다위에서 풍랑에 시달리는 동안 여학생들은 심하게 배 멀미를 했다. 그러나 내륙지역과 다른 제주도의 이국적인 풍경에 2박 3일 동안 여행은 꿈같이 즐거웠다. 우리는 웃음 폭탄을 만들어내며, 눈과 가슴속에 잊을 수 없는 추억을 아로새기고 돌아왔다.

세월은 수없이 흘러 어느새 나도 할머니 자리에 앉았다. 소중한 것들을 깊이 잘 넣어둔 후에 쉽게 찾지 못해 쩔쩔맬 때가 어디 한두 번이었던가. 그럴 때면 함께 살아온 외손녀가 '할머니는 깜빡쟁이' 라고 놀린다. 어릴 때 할머니는 내가 마을 아래에서 놀고 있으면 저녁 먹으러 오라고 불렀다. 대답을 하며 달려가는데 할머니는 계속 부르고 나도 계속 대답을 하며 뛰어가기 바빴다. 마당에 들어서면 할머니가 함박꽃처럼 웃으며 안아줬다. 어느 날 할머니 친구에게 하는 말을 들었다. 저녁 먹으러 오라고 부르면 '어~이!(예에!)' 하는 대답 소리가 어찌나 이쁜지, 마당에 들어설 때까지 부르고 또 부른다고.

이제는 나도 내리사랑을 쏟는 재미에 솔솔 젖어 살고 있다. 손녀가 서울 말씨로 '할머니이!' 부르는 소리가 얼마나 이쁜지 그때의 할머니 맘이 새록새록 느껴진다. 올해는 딸이 이사를 갔고 키우다시피 한 손녀가 초등학교에 입학했다. 학교에서 데려다 학원에 보내느라 매일 원행을 하고 있다. 만나고 헤어질 때마다 서로 껴안고 이마를 부비며 부비부비를 한다. 다시 왼쪽 볼을 부비고 오른쪽 볼을 부빈다. 턱도 부비자 하더니, 요즘은 마지막으로 코도 부비고 떨어진다. 그럴 때면 아련한 할머니의 사랑이 눈에 어린다.

새 친구

어제 하루 물주기를 거른 베란다 화분에 물을 준다. 그저께부터 보이지 않는 왕사마귀가 궁금해서 늘 자주 앉아있던 방충망 창틀을 둘러보지만 보이지 않는다. 가까이 있는 화분 앞뒤를 살펴보아도 여전히 눈에 띄지 않는다. 어느새 두 달이 지나가는 동안 왕사마귀와 나의 숨바꼭질이 진행 중이다.

안쪽으로 키가 큰 화분이 놓인 곳에 센 물줄기가 뿌려질 때 미세한 떨림을 봤다. 관음죽 화분위에서 왕사마귀가 관음죽 대를 타고 물을 피하듯 움직이고 있었다. 반가움에

"거기 있었구나!"

안도의 말이 튀어나오는데 사마귀가 오른쪽 앞발을 들고 흔든다. 마치

"나도 반가워요!"

하는 느낌이 왔다. 그러나 혹시 물을 터는 걸까 싶기도 하다. 벌레를 잡아먹고 사는 왕사마귀가 베란다 화분 사이에서 무엇을 먹으며 사는지 늘 염려를 하며 지내는 중이다.

왕사마귀를 보면 유년의 고향이 눈에 어리어 마음이 풀어진다. 계절마다 함께하던 곤충들은 수없이 많았다. 어릴 때는 실개울에서 얼개미를 들고 새우를 잡기도 했다. 풍뎅이, 물장군, 물방개, 소금쟁이도 흔히 보았고, 물위를 미끄러지며 헤엄치는 물뱀도 자주 보았다. 산에서는 사슴벌레, 딱정벌레도 친구가 되었다. 여치가 우는 소리도 정겨웠고, 쓰르라미, 귀뚜라미 소리를 자장가 삼

아 잠이 들기도 했었다. 풀숲에서 뛰노는 방아깨비, 장수하늘소, 땅강아지 같은 곤충들을 보는 일이 늘 눈앞에 펼쳐지던 전경이었다. 흙을 밟으며 살아왔던 나도 도시의 아파트에서 20년 넘게 살아왔다. 새로운 환경에 적응을 하는 왕사마귀를 보며, 오래도록 잊고 지냈던 동심의 추억들이 한꺼번에 불러 모아졌다.

청계산 자락에서 농장을 하는 막내 남동생이 농사지은 것을 따가라는 연락을 했다. 한여름 뙤약볕이 무서워 새벽같이 찾아갔다. 참외도 따고 오이와 가지를 따놓고 고추를 땄다. 지붕이 있는 반하우스에서 물을 주며 키워서인지 고춧대도 방울토마토도 노지에서 크는 것보다 키가 컸다. 고추 따기에 열중하던 중 고춧대에 붙어있는 왕사마귀를 보자 나는 엄청 반가워 소리를 쳤다. 시골에서 자랄 때는 자연 속에 많은 곤충들과 친구처럼 보며 살아왔으니 그럴 수밖에 없었다. 동생이 외손녀에게 보여주라며, 병에 넣고 뚜껑에 구멍을 숭숭 내어 닫아주었다. 먹을 것은 어찌해야 하느냐고 하면서도 나는 좋아하며 데려왔다. 베란다 화분위에 놓아주니 모기장 창틀에 거꾸로 붙어서 밖을 바라보는 게 살던 곳을 찾는 것 같아 안쓰러운 생각이 들기도 했다.

손녀가 와서 왕사마귀를 보여주니 처음에는 신기해라 했다. 궁금한 것도 물어보고 한참을 보더니 이내 다른 것에 관심이 갔다. 손녀가 돌아가니 왕사마귀는 나만의 친구가 되었다. 더러 곤충을 키운다는 사람들이 생각났다. 40년이 넘도록 대가족으로 살아왔었다. 딸네마저 손녀가 일곱 살이 되어 몇 달 전 이사를 가고, 비로소 남편과 두 사람이 지내는 한가로움을 얻게 되었다. '든 자리는 몰라도 난 자리는 보인다' 는 말처럼 조금 허전한 구석도 느끼던 터라 새 친구가 들어오니 내게 활기가 생겼다. 매일 눈 뜨면 살펴보고 새새로 왕사마귀를 보노라면 마음이 풀숲에 있는 느낌이 든다.

한 번은 석류나무에 올려주려고 잡았다가 손가락을 물려 피가 나자 무섭기도 했다. 며칠 후에 스스로 올라가 있는 걸 보던 날은 나를 미소 짓게 했다. 채소 잎도 놓아줘보았지만 갉아 먹은 흔적이 없어, 무엇을 먹고 사는지 궁금하고 걱정이 되기도 한다. 창틀 꼭대기에 배를 위로 하고 붙어 하루 종일 지내기도 한다. 사마귀는 똑바로 붙어있기보다 거꾸로 붙어 있을 때가 더 많은 걸 본다. 화분 옆면에도 붙어있고 제라늄에 올라가기도 하는데, 하루나 이틀쯤 눈에 보이지 않을 때가 있어 내 관심을 더 끌기도 했다. 요 며칠 동안은 키가 큰 관음죽 주변에 머물러 있어서 쉽게 찾는 재미도 있었다.

왕사마귀는 가을에 짝짓기로 사랑을 나누고, 암컷이 수컷을 잡아먹는다 한다. 수컷은 2세를 위하여 자기몸 전체를 암컷의 양분이 되어주는 건지도 모른다. 그리고 암컷은 혼신의 힘을 발휘하여 알집을 만들어 산란하고 최후를 마친다 한다. 고구마를 캐러 갈 때 왕사마귀를 데려다 줘야겠다는 생각을 하고 있었는데, 아파트 화단 주변에서 다른 왕사마귀를 보았다. 순간 여기서도 짝을 맺을 수 있겠구나 싶었다.

집에 가서 방충망에 붙어있는 사마귀를 문을 열고 내 보내 주었다. 서운할 줄 알았는데 마음이 훨씬 가벼워졌다. 왕사마귀가 더욱 번성하여 자연계의 소임을 다 하길 바래본다.

아랫몰 밭

엄동설한이었다. 남녘의 고향에는 한낮의 햇살이 추위를 감싸주고 있었다. 남향인 가족묘지 위 등 밭으로 올라가자 뒤로 북풍을 막아주는 굵은 소나무들이 변함없이 지켜주고 있다. 소나무 사이로 아늑한 고향마을이 보였다. 양지바른 마을 이름은 복숭아나무가 많았는지 '도원' 이었다. 어머니 기일에 모인 우리 6남매는 부모님 산소에 먼저 들렀다. 인사를 드린 후, 모두 약속이라도 한 것처럼 등 밭의 왼편에 우뚝 내려 꽂혀있는 추억 어린 엉(벼랑)바위로 올라갔다. 길에까지 닿아있는 커다란 엉바위는 예나 지금이나 바위 앞 틈새가 벌어진 그대로다. 발을 옮겨 딛기에 무서워 서로 잡아주며 비스듬한 바위 위로 올라서는데 여전히 아슬아슬했다. 눈앞이 확 뚫렸다. 넓은 들녘이 펼쳐져있고 면소재지가 한눈에 들어왔다. 시선을 내리자 발아래 아랫몰 밭이 눈에 들어왔다. 저 밭에서 꿈을 꾸며 자랐다.

길 아래로 비탈진 곳에 큰 묘지가 있었다. 묘지 중간쯤 양쪽에 벚나무 두 그루가 있었고, 아래쪽으로 오래된 동백나무도 두 그루 있었다. 마디가 짤막짤막하고 단단해서 올라가 놀기에 제격이었다. 동백나무 꽃이 피면 꽃을 따서 먹기도 했다. 달착지근한 맛이 났다. 빨간 동백꽃은 떨어져서도 쉽게 시들지 않아 나무에도 땅에도 온통 붉었다. 그 옆에 넓은 아랫몰 밭이 있었다. 아랫몰 밭에 심부름을 가는 게 나는 좋았다.

오래도록 고향에서는 이모작을 했었다. 봄빛이 짙어져 가면 들녘에도 밭에도 초록빛의 보리 일색이었다. 들판에 아지랑이가 피어오르고 바람결을 따라 초록물결이 넘실대는 봄의 왈츠를 보고 있으면 꿈을 꾸는 것 같았다. 산소 옆에 벚꽃이 흐드러지게 피면 종달새가 울었다. 밭 위쪽에는 유채꽃이 노랗게 피어 노란나비와 어우러져 눈이 부셨다. 학교에서 돌아오면, 할머니는 보리밭에서 보릿대를 감고 자라는 아상카리 풀을 뽑고 오라고 하셨다. 솜털 같은 가시가 붙어있는 아상카리 풀을 뽑으러 가면, 푸른 하늘 아래 온 세상이 초록빛으로 너울거리고 있었다. 보리밭 이랑에서 고개를 숙이고 앉은걸음으로 조금씩 보리를 칭칭 감은 가시 풀을 뽑아 나갔다. 조용한 밭에 혼자 뒤척뒤척 풀을 뽑고 있을 때 갑자기 '푸드득!' 소리가 났다. 알을 품고 있던 꿩이 인기척을 느껴 '꿩! 꿩!' 울며 날아오르면 가슴이 철렁 내려앉았다. 꿩은 멀리 못 가고 밭가에 앉아 '꾸루 꾸루' 애타는 소리를 냈다.

보리가 익어가는 황금들녘을 잊을 수는 없다. 엄마는 유채꽃 씨가 여물면 기름을 짜서 부침개를 부쳐주셨다. 유채를 거둔 자리에는 목화를 심었다. 보리타작을 마치고 모내기를 할 때면, 논에 심던 모포기를 남겨서 밭으로 가져왔다. 보리를 베어낸 밭에다 호미로 흙을 파서 찰 산두를 심었다. 심는데 힘이 들지만 물이 없는 밭에서도 벼는 잘 자랐다. 가을에 추수를 하면 질 좋은 찹쌀을 수확해 떡을 해 먹기도 했다. 콩밭에 심은 열무를 뽑으러 갈 때면 목화밭에 먼저 들렸다. 분홍, 노란색 꽃이 함께 피는 목화밭에서 풋풋한 다래 열매를 몰래몰래 따먹을 수 있었다. 다래가 커져서 가을이 오면 하얀 솜으로 피어났다. 할머니는 미영솜을 꼼꼼하게 잘 따오라고 시켰다. 늦가을에는 명다래 나무를 모두 뽑았다. 산소 옆에 널어놓으면 햇살을 받아 솜이 피는 걸 뽑아 갔다.

할머니는 티끌이나 병든 것들을 골라내어 깨끗하게 모으셨다. 그렇게 모아서 고모들 시집보낼 때 솜이불을 해 주셨고, 이젠 내 차례가 되었다며 해마다 정성껏 모으셨다. 친한 언니가 결혼을 하면서 솜을 준비 한 게 없다고 했다. 나는 아무 생각 없이 집에 모아둔 솜을 선뜻 빌려주자 할머니는 철없는 짓을 한다고 역정을 많이 내셨다. 내가 결혼 할 때 언니 엄마는 오일장에서 솜을 사오셨다. 한꺼번에 많은 솜을 사다보니 질이 좋은 최상품의 솜 값이 비싸서 중품 솜으로 사왔다고 했다. 가져온 솜을 보며 할머니는 얼마나 서운해 하셨던가.

부모님은 장사를 해 모은 돈으로 아랫몰 밭에 나란히 붙은 옆밭을 사셨다. 엄마는 그 밭을 작은 아들에게 물려줄 거라며 환하게 웃었다. 그 밭에 고구마 순 모종을 심고나면 꼭 가뭄이 들었다. 학교에서 돌아오면 나는 정자나무 밑에 있는 둠벙에 가서 물을 길어다 목을 가누지 못하는 고구마 순에 물을 주어야했다. 깊은 둠벙에 엎드려 물을 길어서 밭뙈기 몇 개를 오르다 보면 물이 질질 흐르고 나중엔 꾀가 났다. 그럴 때는 밭가에 있는 나무딸기와 오디를 따 먹으며 게으름을 피웠다. 그렇게 서너 시간 물을 준 고구마는 해 질녘에 보면 고개를 들고 나풀거렸다. 그 시절의 우리 마을에는 사람들도 많이 살았고 아이들도 집집마다 많아 늘 사람 사는 소리로 술렁거렸었다.

서울에서 직장 생활을 하고 있을 때였다. 시골에는 수입해온 비육우를 키우는 붐이 일어났다. 초기에 소를 사서 키운 집들이 높은 소득을 올리자 많은 사람들이 몰렸다. 아버지도 비단 행상을 접고 돈까지 빌려 수입소를 많이 사 키우게 되었다. 그러나 소 값이 폭락하는 파동을 겪으며 빚을 지게 되었다. 그 바람에 아랫몰 큰 밭을 빚에 넘겨주고 말았다. 부모님은 얼마나 허망하셨을까? 그 후에는 작은 동생에게 물려주려던 밭마저 막내 동생의 은행 빚으로 팔게 되었다.

이제는 우리와 아무 상관없는 발아래 아랫몰 밭에는 감나무와 매실나무가 추위에 떨고 있다. 봄이 오면 매화가 활짝 피고, 또 다른 색깔의 수채화를 그려 갈 것이다.

억지 춘향이로 살다

손녀가 감기에 걸려 아침 일찍 병원에 다녀왔다. 유치원이 있는 아파트 앞을 걸어갈 때, 앞서가던 두 아이 엄마가 뒤를 돌아보고

"안녕하셔요?" 한다.

"네, 안녕하셔요?"

친절한 인사에 엉겁결에 인사를 나누었지만 잘 모르는 사람이었다. 손녀와 같은 가방을 들고 가는걸 보고, 아는 친구냐고 손녀에게 물으니 모른다고 했다. 앞서가던 그녀가 유치원 앞에서 기다리다가

"커브스 모델하셨죠?"

"네."

"어디서 본 얼굴이었는데 이제야 생각이 났어요. 따님과 함께 찍은 모습을 보았어요."

"아, 커브스 다니셔요?"

"다니지는 않는데, 다른 데서 책을 보았어요."

"어쩜, 눈썰미가 대단하시네요. 회원들도 모르는 사람이 있는데…"

죄짓고 못 산다는 말이 스쳐갔다.

오늘은 외손녀가 피아노 학원으로 걸어가다 뭐가 좋은지 꽁돌춤을 추고 간다. 그 모습에 절로 웃는다. 내가 어릴 때도 곧잘 그랬다. 그때마다 껄껄 웃던 할머니 모습이 떠오른다. 손녀를 학원에 들여보내고 집으로 오다가, 마음에서는 밀어내는 운동을 하러

간다. 나는 워낙 운동하는 걸 싫어했다. 한국무용 하는 건 좋아하면서도, 운동에는 관심이 덜하다. 오늘도 나에게 건강 한 톨 산다고 최면을 건다.

학창 시절에 나는 운동하는 게 정말 싫었다. 체육시간이면 교실에 남는 당번을 자처했고, 혼자 남아 책을 보며 지냈다. 그렇게 성장기를 보내지 않았다면 키도 더 크고, 체형도 다를 것 같아 후회스럽기도 하다. 그랬던 운동을 규칙적으로 하게 되기까지 우여곡절이 많았다. 대가족에 집에서 애, 경사를 많이 치른 탓인지, 허리 통증으로 고생을 오래 했다. 병원을 수없이 다녔다. 점점 가족 수는 줄어도 갱년기로 몸이 마디마디 아파올 때, 딸이 외손녀를 낳고 사위까지 함께 살았다. 일복이 또 겹쳤다. 내 몸이 젊을 때와 전혀 달라졌다. 너무 힘들어 일주일에 한 번씩 새벽에 경락을 받으며 버텼다. 2년 동안 손녀를 키우다 보니, 관절염과 어깨 인대 통증으로 병원을 달고 살았다. 손녀가 어린이집을 다닐 때는, 체중이 많이 늘어 안아주는 내 허리 디스크가 심해져 다리까지 저리고 아팠다. 손녀를 돌보며 갇혀 살다시피 하니 복부비만과 고지혈증까지 생겼다. 그제 서야 정말 심각성을 느꼈다.

궁하면 통한다고, 통증에 시달리다 보니, 운동에 대해 귀담아듣게 되었다. TV 종편 프로가 생기고, 밤늦게 하는 건강 프로를 보게 되었다. 의사는 허리 디스크가 신경을 눌러 염증이 생기면 통증이 심하고, 다리까지 아프다고 말했다. 근력운동을 해서 코어 근육이 단단해지면 통증이 없어진다는 말을 했다. 그럴 수 있을지 솔깃해졌다. 그즈음, 손녀 친구 엄마가 커브스에 다니니 좋다고 했다. 집 앞에 생긴지 2년이 넘도록 나는 그곳이 뭐하는 곳인지 관심이 없었다. 미국에서 들어온 여성전용 근력운동을 하는 곳이란다. 그렇게 커브스와 만나 새로운 생활이 시작되었다. 딸이 빠르게 돌아가는 운동인데 엄마가 할 수 있겠느냐고 했지만, 목적이 뚜렷하니 새로운 운동이 받아들여졌다. 주위에는 나처럼 커브스를 모르는 사람들이 많다.

커브스 문을 열면 활기차고 빠른 음악이 쏟아지고, 대표님과 코치들이 인사를 한다. 회원증을 찍으면 이번 달 출석 횟수가 찍힌다. 여성전용 피트니스인 커브스에 다닌 지 그럭저럭 2년 가까이 되어간다. 클럽 안에는 12개의 운동기구가 빙 둘러 놓여있다. 30초간 기구에 앉아 근력운동을 하고, 30초는 유산소 운동을 한다. 코치들이 함께 구령을 넣어 힘이 나게 해 주고, 10분마다 심박 수를 잰다. 서킷 2바퀴를 돌면 30분이 걸린다. 그런 다음 스트레칭을 하는 기구를 돌며 운동을 한다. 다음엔 바닥에 매트를 깔고 프랭크 자세 운동과 몇 가지를 더 하다 보면 한 시간 가량 걸린다. 그날 컨디션에 따라 서킷 30분만 돌아도 땀이 나고 운동 효과는 높다.

경쾌하고 빠른 음악이 있어 호흡을 맞추기 좋았다. 토요일까지 일주일에 4~5일을 열심히 했다. 그렇게 억지 춘향격으로 운동을 하다 보니, 서서히 몸에 변화가 생겼다. 월초에 인 바디 측정을 한다. 복부지방도 빠지기 시작하고, 팔, 다리, 근육도 단단해져 갔다. 디스크에 눌린 다리의 통증도 사라져, 코어 근육이 소중한 걸 깨달았다. 운동을 외면해서는 안 된다고 새로운 각오를 다지게 되었다. 그런데도 날이 갈수록 몸이 무거우면 운동을 하기 싫은 날이 많다. 하고 나면 몸이 더 가벼워지는 것도 아는데, 병원에 덜 다니고 활발하게 살려면 운동을 놓지 말아야 하는 데 말이다. 운동을 게을리하고 맛있는 것만 잘 먹고 지내면, 몸은 바로 복부지방이 늘어난다. 요즈음은 운동이 내 상전이 되었다. 운동을 좋아해서 중독이 되는 사람이 부럽기도 하다.

운동을 하던 중에, 게시판에서 커브스 표지모델에 신청하라는 내용을 봤다. 회원 중에 개인, 친구, 모녀의 신청을 받는다고 나왔다. 마침 어깨가 아프던 딸도 퇴근 후에 운동을 다니고 있었다. 새로운 추억을 만들어볼까 싶었다. 고생만 하시다 돌아가신 어머니가 가슴에 맺혀 있어서, 딸에게 나는 밝게 사는 모습을 남겨주고 싶었다. 딸에게 인터넷으로 신청을 해보라 하면서, 설마 될까 했다. 계절이 바뀔 때에 나오는 커브스 잡지였다.

한 달쯤 지나 채택이 되었다고 연락이 왔다. 이런 일이 생기다니, 우린 새로운 경험을 하게 되어 들뜨고 기뻤다. 지난해 우리 가족이 리 마인드 웨딩 촬영을 한 사연이 효과가 있었는지, 우리 모녀는 나란히 표지모델 사진을 찍게 되었다. 협찬하는 청담동 미용실에서 곱게 단장을 하고 3시간 동안 촬영을 했다. 여러 가지 포즈를 소화하며 행복한 추억을 만들었다. 2017년 여름호에 표지모델로 실렸다. 커브스는 역대 최초 1명이 아닌 2명이 표지를 장식했단다. 2시간의 인터뷰 내용과 다정한 우리 모녀의 모습이 몇 페이지 실렸다. 우리 얼굴이 크게 나오진 않았다.

우연히 마주쳤던 낯선 여인. 그녀의 특급 눈썰미 덕분에 상큼한 기억이 떠올랐다. 마음에 없는 운동을 하지만 아름다운 추억을 얻게 되었다. 오늘도 억지춘향이긴 해도 내 몸을 잘 지키는 건 필수다.

우연히 얻은 소국

두어 달 전부터 집 가까운 곳에 '힐링편백나무' 간판이 새로 생겼다. 오며가며 보아도 별 관심을 두지 않았는데, 날씨가 추워지니 점점 종아리도 저리고 발이 시려왔다. 잠들기 어려움에 시달리던 중 호기심이 생겨 방문을 하게 되었다.

문을 열고 들어서니 편백나무향이 그윽하게 풍기고, 실내에도 편백나무로 깔끔하게 꾸며져 있었다. 부드러운 인상의 여주인에게 설명을 들으니, 서울에는 처음 생겼다고 한다. 체험을 마치고 쉬고 있는 사람들에게 궁금한 점을 물어보았다. 편백나무 숲의 피톤치드에 대해 알고 있었지만 이런 곳은 처음 본다. 체온을 1도만 올려도 암을 이길 수 있다는 것을 방송으로도 보고 들었다. 나는 워낙 추위를 많이 타고 발이 시려 오래 고생을 했던 터라, 혹시 도움이 될지 싶어 궁금함과 호기심에 체험을 해보기로 했다.

통속에 사람이 들어가 누우니 시간과 온도를 적당하게 맞춰 준다. 편백나무가 든 봉지를 물에 적셔 찌는데, 짙은 편백나무 향과 김이 뜨거운 열기를 뿜어 올린다. 온열 체험을 하는 동안 전신에서 땀이 흘러 나왔다. 그 속에 독소와 노폐물이 빠져나와 치유효과를 얻게 된다고 한다. 45분 동안 체험을 끝내고 나오니 큰 접시에 여러 가지 과일들을 정갈하게 담아 내주고 따끈한 꽃차도 준다, 땀을 빼고 난 후 상큼한 과일을 챙겨 주는 것도 마음에 들었다. 뭔가 내 체질개선에 도움이 될까 싶어 지푸라기라도 잡는 심정으로 10회 체험을 예약했다.

그 후로 며칠에 한 번씩 간격을 두고 체험을 하고 다니다, 오늘 체험을 끝내고 다과를 하던 중 탁자 위 유리컵에 꽂힌 작은 국화 송이와 눈이 마주쳤다. 개업할 때 들어온 여러 나무들과 소담스런 국화 화분들이 안팎에 많이 놓여 있어서 올 때 마다 눈이 즐거웠는데 앙증맞게 꽂힌 국화 몇 송이가 물에 발을 담근 모습이 더 애틋하게 와 닿는다. 코를 가까이 대보니 향기도 진하다.

이 세상에는 수많은 꽃들이 얼마나 화려하고 예쁜가? 그 많은 꽃 중에서도 나는 봄이면 찔레꽃 향기에 뭉클해지고, 가을이면 산비탈에 핀 구절초가 애절하게 느껴져 좋았다. 자연에 흐드러진 들꽃들에게 많은 정감을 느끼는 편이다. 아파트에 사는 동안 베란다에 화분을 사놓고 계절 따라 꽃을 보고 살지만, 가을 국화 화분은 얼마간 피고나면, 마지막 모습까지 곱지 않아 망설이게 된다.

'물 컵에 꽂힌 국화송이가 곱다' 고 말하니 '밖에 놓인 화분에서 잘라 꽂아 보았다' 며 웃던 주인이, 돌아오는 내게 연보랏빛 국화와 자줏빛 국화를 몇 가지씩 잘라 내 손에 쥐어준다. 그 마음이 고맙고 친근하게 느껴졌다. 바람이 부는 거리에 꽃을 들고 걸으며 쌉싸름한 향기를 맡으니 기분이 좋다.

집에 와서 꽃가지 밑에 이파리를 정리하고 두 개의 유리컵에 나누어 꽂아 보았다. 연보랏빛 꽃송이는 애잔한 들꽃처럼 느껴지고, 자줏빛 꽃송이는 짙은 가을빛을 더 느끼게 해 준다. 가끔은 이런 게 위로가 되어 준다. 고향 들녘도 떠오르고, 가을국화 탐스럽던 교정을 도란도란 거닐던 옛 친구들이 그립다.

혼례

아파트 현관을 나오자 라일락 향기가 후루룩 스며든다. 꽃도 향기도 마음을 열어주는 봄날 외출이 싱그럽게 느껴진다. 사람도 향기로 스며들 때가 있다. 감성지수가 맞는 사람과의 만남은 그 자체만으로 마음이 부풀어 오른다.

오랜만에 절친 문우들과 만나는 자리다. 시인 친구의 아들 결혼식장에 모처럼 함께 모였다. 반가움을 잠시 내려놓고 예식을 지켜본다. 신랑은 어렸을 때 보았는데 훤칠하게 잘 자라서 그저 놀랍다. 신부도 어느 곳 하나 빠지는 데 없이 복스럽고 예뻐 더 아름다웠다. 주례를 맡은 시인 선생님은 시 한 수를 읽어 주신다. 신랑신부가 아로새기기에 좋은 글이다. 하객들이 낯 설을 수 있는데 조용히 귀를 모아 준다. 간결한 주례사를 끝맺자, 뮤지컬 가수가 부르는 축가가 홀을 가득 채워준다. 신랑신부의 부모님께도 하객들 시선이 많이 간다. 어머니들 모습이 곱고 아름답다고 소근 거린다. 퇴장하는 신랑신부에게 환호와 박수를 보내고 하객들은 피로연장으로 자리를 옮겼다.

뷔페식당에서 음식을 담으려 돌아보니 색감이 형형색색이다. 식재료가 수준 높아 음식이 정갈하다. 홀이 깔끔하고 넓어 하객들이 질리지 않고 골고루 음식을 먹기에 좋다. 저마다 식성에 맞고 입에 당기는 음식을 가져다 먹는다. 슬슬 신랑신부 칭찬도 하고, 어머니들 세련된 모습에도 찬사를 보낸다. 신랑어머니가 왔을 때 우리는 품위 있고 예쁘다고 입을 모았다. 쑥스럽고 기분 좋은 그녀는, 새벽 7시에 미용실에 와서 단장을 했노라며 웃는다. 그렇다. 나도 두 아이 결혼식 때 그랬다. 이제는 여인들이 집에서 수고하는 일 없이 편하고 예쁜 잔치를 치른다. 고운 그 모습을 보며 젊고 예뻤던 어머니가 저절로 떠오른다. 혼주인 어머니는 단장할 새가 없었다. 집에서 손님 치루는 준비에 며칠을 쫓기다 대절버스를 타고 예식장을 잠시 다녀와 집에서 잔치를 치뤘다. 신부 어머니를 매만져 주는데도 없었다. 옛날 사진을 볼 때마다 마음이 아프다.

내가 자랄 때는 결혼식도 회갑잔치도 모두 자기 집 마당에서 했다. 일가친척은 물론이요, 인근 마을 사람들과 사돈네 팔촌까지도 다 모여들어 축하하는 자리였다. 손님에게는 과방에서 상에다 음식을 차려 방마다 들고 가서 대접을 했다. 하루 종일 모여 몇 끼를 먹기도 하고, 저녁 늦게까지 마당에 모닥불을 피워놓고 놀기도 했다. 벅적거리고 흥겨운 잔치 집 분위기를 보며, 어릴 때는 맛있는 것 먹고 노는 게 좋기만 했었다. 자식을 많이 둔 집에서는 더 많이 겪었던 일들이었다. 오랫동안 집에서 잔치를 치러 왔던 문화가 바뀌어 다행스럽다. 나는 엄마나 할머니들이 집에서 음식을 준비하고, 마당에서 혼례를 치르는 모습을 많이 보며 자랐다. 여인들은 음식을 준비하느라 오랫동안 수고하고 힘들었다. 잔치 당일 날은 더 분주하고 바빴다.

남녘 우리 고향에는 주로 농한기인 겨울에 결혼식을 많이 했다. 마을 청년들이 동백나무 가지를 잘라 둥근 화환을 만들었다. 종이로 색색의 꽃을 만들어 꽂아서 양쪽에 세워놓고 혼례식을 했다. 장가를 온 신랑은 사모관대를 갖추어 의젓해 보였고, 색동 원삼을 입고, 족두리를 쓴 신부는 화려하고 예쁘게만 보였다. 그때는 결혼식 할 때 신랑 측에서 축사를 먼저 읽고, 신부 측에서 답사를 읽기도 했었다. 집안의 고모들이 결혼 할 때, 한지에 붓으로 길게 쓴 답사를 몇 번 읽어 드리기도 했었다.

그 시절은 모든 음식을 아궁이에 불을 때어 만들었다. 시집간 날 신부는 화려한 원삼을 입고, 살랑 이는 예쁜 족두리를 머리에 얹고 있었다. 그 모습을 볼 때마다 선녀 같아 신기하기만 했다. 절절 끓는 안방 아랫목에 솜 요를 깔아놓고 새색시를 앉혔다. 큰 교자상에 음식을 가득 차려서 신부 앞에 놓았다. 여자가 일생에 한 번 받는 큰 상차림이었다. 많은 사람들이 새 신부를 구경하기에 바빴다. 가까운 친척이 신부를 보살피는 대반 역을 맡았다. 부끄러워 고개 숙인 신부에게 음식을 권해주었지만, 수줍기도 하고 뒷일이 걱정되어 그날 신부는 잘 먹지 못했다. 몹시 고역이었을 옛날 신부들이 지금과 얼마나 다른가 생각해본다.

엄마나 할머니는 뼛골이 다 삭아 내렸다는 말을 자주하셨다. 세상을 살만큼 살아온 지금에서야 나는 그 깊은 말뜻을 느끼고 알게 되었다. 도시에 살면서도 나 역시 집에서 시할머니와 시아버지 장례식을 두 번 치루고, 회갑잔치도 했었다. 여인들의 힘든 가사노동으로 점철되는 집 잔치가 멀어져서 정말 좋다. 좋은 세상이 되었다고 말씀하시던 할머니 말씀이 귓전에 울린다. 많은 것들이 변하고 있다. 하객들 사이를 돌며 인사하는 혼주와, 생기 넘치는 신랑신부를 바라본다. 봄날을 닮은 신랑신부에게 훈풍만 부는 인생이 되어주길 빌어본다.

추억을 얹어 먹으며

김치냉장고에 넣어두었던 토란국을 데워 먹는다. 토란국을 먹지 않는 남편이 출근하고 없는 점심때라, 여유롭게 고향의 맛을 느껴도 된다.

내가 자랄 때는 집집마다 솥에 누룽지를 긁거나, 감자 껍질, 토란 껍질을 벗 길 때 쓰는 닳아진 놋숟가락이 있었다. 할머니가 토란 껍질을 벗 끼면 나도 해본다고 곁에서 보채곤 했다. 그럴 때마다 할머니는

“아서라, 손이 아리고 가려워서 안 된다.”하며 만지질 못하게 했다. 모든 걸 맨 손으로 만지고 다듬던 시절이었다. 공들여 끓여 주시던 그 토란국을 자주 먹고 싶은 간절함이 내 안에 눌러있다. 오늘도 혼자서 토란국을 먹다보니, 쓸쓸한 가슴에 온기를 지피는 기억들이 떠올라온다.

할머니나 엄마가 해주시던 토란국이 지금도 늘 와 닿는 음식 중의 하나 이기도 하다. 쌀뜨물을 진하게 받아 토란을 넣고 끓이다, 절구에 갈은 들깨를 체에 밭쳐 넣고 끓여주었다. 진하고 고소한 그 맛을 여태까지 잊지 못한다. 어느 때는 고향에서만 나는 우럭 조개를 넣고 끓여도 맛이 있었고, 쇠고기를 넣어 끓일 때도 있었다. 그 중 내가 제일 좋아하는 건 들깨를 넣고 끓인 토란국이다.

태어나서 친정 식구와 함께 했던 세월은 스무 해 정도이고, 시집에서 보낸 세월은 사십년이 넘었다. 곱 배가 넘는 세월을 함께 살아왔어도 남편과 나는, 살아온 지역 특산물이 다른 탓에 음식이

맞지 않는 게 많다. 나는 대다수 잘 먹는 편이지만 남편의 가족은 바다가 없는 청주에서 살았기에 입이 짧아 쉽게 받아드리지 못한다. 특히 남편은 물렁거리는 음식을 싫어한다. 생굴이나 물고구마 매생이국, 그 외에 물렁한 음식은 의에로 많다. 그 중에 토란도 물렁한 음식에 속한다.

고향인 광양에서 김을 제일 먼저 발견했다고 한다. 임금님께 진상을 올리자 이름이 뭐냐고 물으시어 김가 성이었던 그가 김이라고 해서 김으로 부르게 되었다고 고향에는 전해 내려 왔다. 〈동국여지승람〉에도 김은 전라남도 광양군 태인도의 토산으로 기록되어 있다한다. 그래서인지 고향에서 전해 내려오던 옛 얘기가 있었다.

'섬 사돈과 산중 사돈 이야기' 다. 옛날에 태인도 섬에 사는 사돈이 어치에 사는 산중사돈을 초대해서 김국을 끓여 대접을 했다. 바다에서 생김을 뜯어 끓인 김국은, 처음 본 음식이었고 김도 나지 않았다. 산중 사돈이 먼 길에 시장하여 급히 입에 떠 넣으니, 너무나 뜨거워 입천장이 홀랑 데인 채 혼이 났다. 집으로 돌아온 산중 사돈이 섬 사돈을 초대하고 토란국을 끓여 내어 놓았단다. 토란국도 김이 나지 않아 얼른 한 숟갈 떠 넣은 산중 사돈도, 그만 입안을 다 데인 채 돌아갔다는 일화였다.

내가 자란 진상면은 들판이 넓었다. 북쪽으로 십 여리 올라가면 어치 산중이었고, 남쪽으로 십 여리 내려가면 바다고, 태인도 섬이 있었다. 교통이 발달되지 않은 옛날에 있었음직한 일화이기도 하다. 김국이나 토란국을 먹을 때면, 그 이야기를 어른이나 아이들이나 서로 주고받으며 깔깔 웃었던 일들이 훈훈하게 떠오른다. 가랑비가 내리는 날, 친구들과 토란잎을 꺾어 머리에 쓰고 다니던 일도 엇 그제 같다. 육십년 넘게 살아온 내 가슴속 벽장을 열어보면, 여러 이야기들이 툭툭 불거져 나온다. 그런 고향의 추억을 얹어 먹으면 마음속까지 배불러진다.

글쟁이가 된 새살쟁이

"옛날에~ 옛날에~ 간 날에~~ "

할머니가 들려주는 옛날이야기는 언제나 이렇게 시작했다. 내가 말귀를 알아들을 무렵부터 시작이었지만, 언제 들어도 흥미롭고 재미있는 여러 이야기 속에 나는 상상의 나래를 펴며 자랐다. 무궁무진하던 이야기들을 새겨들으며 내 안의 또 다른 세계가 저절로 열렸다.

아버지는 종손이었고 7남매의 장남이었다. 대가족 속에 맏딸이었던 나는 자연스레 사랑을 많이 받았다. 마을에는 우리 집안이 모여 살았고, 타성은 몇 집 안 되었다. 집안의 고모들과 삼촌들이 많았다. 일찍 걷기 시작해 이웃에 돌떡을 돌리고, 말도 빨리 배워 또래보다 '올됐다.' 했다. 어려서 노래도 잘 부르고, 춤도 잘 춘 재롱둥이였다는데 나의 재능을 이끌어낸 우수한 사부님은 막내 고모였다.

TV나 라디오가 없던 그 시절은 옛날이야기를 듣는 게 유일한 낙이었다. 긴긴 겨울밤은 귀에 익은 할머니의 이야기보따리를 들으며 상상의 나래가 펼쳐졌다. 여름밤엔 평상 옆에 풀과 웃자란 쑥을 잘라다 모깃불을 놓았다. 할머니 무릎을 베고 동생들과 누워있으면 부채를 부쳐주며 들려주는 옛이야기들이 꿈속으로 보내주었다.

여름이면 마을 고모들이 모여서 모시, 삼베, 길쌈을 했다. 또래 친구가 없던 나는 곁에 붙어 앉아 왁자지껄 속에 전래동화를 들었다. 겨울에는 수틀을 잡고 수를 놓는 방 안에서 번갈아 들려주는 이야기는, 듣고 또 들어도 재미있었다. 초등학교에 다니면서는 만화책에 빠져들었다. 새로운 세계의 무한한 궁금증이 쉽게 나를 놓아주질 않았다. 학교에서 친구들이 고무줄놀이를 하자고 해도, 만화책 보는 게 더 좋았다. 지금 생각하면 그 시절 언니나 오빠가 있어서, 다른 친구들처럼 현실의 구체적인 걸 잘 일깨워 주었다면 어땠을까 싶다. 마을에 또래 남자애들은 학교도 늦게 입학해서 후배로 다녔다. 같이 놀 동무가 없는 외로움이 책 속에 빠지게 했는지도 모른다.

중학교에 들어간 뒤에 쉬는 시간이나, 점심시간이면 이야기를 해달라며 친구들이 내 곁으로 모여들었다. 만화 이야기나 소설 속 이야기를 해주면, 눈에 보이는 듯 생생한 느낌이 느껴진다고 좋아했다. 아홉 살이 많은 막내 고모는 가설극장이 들어오면 내 손을 잡고 영화를 보러 갔다. 영화가 끝나고 신작로를 걸어오다 이웃마을 총각들이 고모에게 치근대면 따귀를 냅다 때려주고, 내 손을 잡고 죽기 살기로 마을을 향해 달렸다. 마을이 가까워지면 비로소 안도하고, 신나게 휘파람을 불기도 했다. 다음날 학교에 가면 친구들은 영화 이야기를 몇 번이고 반복해 달라고 졸랐다.

"어쩜 그렇게 세세하게 말도 잘하고 묘사도 잘하니?" 하며 친구들은 내용에 따라 울기도 하고, 웃기도 했었다.

늘 붙어 지내던 막내 고모가 시집을 갔다. 빈자리가 컸다. 그때 외할머니 네로 이사 와서 학교를 다니게 된 이웃 언니와 친해졌다. 동두천에서 장사를 하는 언니 엄마가 미제 라디오를 사 보냈다. 라디오를 처음 보았을 때 얼마나 신기하고 좋았는지 모른다. 뉴스도, 연속극도, 유행가도 들으며 배웠다. 그 시절은 돈도 귀하고, 라디오가 있는 집이 흔치 않았다. 같은 반에 나보다 나이가 서너 살 많은 친구들이 많았다. 쉬는 시간이면 연속극 이야기를 해달라 졸랐고, 이미자 노래를 배우러 몰려들었다. 그런 시간들이 본 대로 들은 대로 이야기를 잘하는 이야기꾼을 만들었는지 모르겠다. 고향사람들은 내 이야기를 들을 때마다

"아이고 새살도 잘하는구나!" 하며 '새살 쟁이' 라고 웃어주었다.

고향에 있는 농업고등학교에 진학했지만, 학과목이 마음이 붙지 않았다. 중소가축, 대 가축, 공예 작물, 화훼원예, 등등. 작업이나 실습 시간이 태반이었다. 사춘기에는 더욱더 소설이나 시집을 보면서 밤을 새웠다. 데미안을 읽은 후, 헤르만헤세의 책에 빠져들었다. 할머니는 목화송이로 솜을 타서 솜고치를 말아 왼손에 들고, 물레에 실을 감는 미영을 잣았다. 밤늦도록 소설책에 빠져 있으면, 할머니는 공부를 열심히 하는 줄로 아셨다. 물레질을 하다 깜박깜박 졸고 하품을 하시며

"애야! 쉬엄쉬엄 쉬 감서 해라!" 하시며 곁에서 먼저 주무시지 않았다. 얼마나 철없이 보낸 시절이었는가?

세월은 많이도 흘렀다. 이야기를 함께 나누던 친구들도 흩어진지 오래다. 밝은 열정의 내 에너지는, 지나온 생활 속에 뭉개지고 침몰되어 갔다. 다행히도 그리운 사람들을 떠 올리며 글을 쓴다. 조근조근 삶의 이삭을 주워가는 글쟁이다.

*새살 쟁이 : 전라도 지역에서 말을 잘하는 사람, 이야기를 잘하는 사람을 말 함.
*미영 : 무명을 만들 때 물레로 실을 뽑는 작업.

| 跋文 |

구름의 무늬에 수놓은 시간의 몽타주 montage

안 익 수 (시인, 한국문인협회 편집위원)

시와 산문이 만나 산책을 하니 미적 갈등 아닌 사유의 선물이 된다.

서정숙 시인의 시집 『새 등에는 눈이 쌓이지 않는다』를 접한지 세월이 꽤 지난 듯하다.

그의 시가 바람의 날개가 되어 고향 길에 오르는 세상의 첫 차와 막차를 배웅하며 시간의 물감을 들인지 오래다.

이제 서정숙 시인의 서정적 무늬와 상상력의 소꿉놀이 한 마당을 눈여겨 짚어볼 참이다.

감성의 구름을 열면 시는 오솔길 지나 봄바람의 해변에서 파도소리를 끌어안으며 거품이 인다. 그의 목청은 골목길을 따라 말을 걸며 품속으로 언어를 끌어당긴다.

시인의 추억과 기억은 떨어질 수 없으며 막막한 감성들이 모여들어 느낌과 사유를 불러들인다. 꿈결의 파도가 된다.

한편 인간의 지각으로 감지되는 아는 것과 막연한 것들이 시적 욕망을 확장하는 것이다.

그는 느낌과 정서로 내적세계에 의미를 가하며 감성의 열쇠를 푼다.

서정숙 시인의 시적 구슬은 상상의 줄기를 붙잡고 바람과 내통하는 은밀한 정감이 드러난다.

마치 텃새가 꽃의 숨결을 물고 창공을 난다.

어디 시 한 편을 불러내어 함께 걸어 보자.

폭설에 모자 하나를 더 쓰고도 말이 없다

날도 풀리기 전에
퀘퀘하게 곰팡이 뜬 메주덩이를 넣고
소금물을 부어도
몸을 연 채 바다를 마신다

정성으로 돌보는 손길이 좋아
햇살에 잡균을 쫓아내고
살을 섞어 장맛이 익어 가면
바람에 얼굴 맡긴 채 숨만 쉰다

순박한 몸으로
배신할 줄 몰라
누군가를 위해 한결같이
깊은 맛 우려내는 항아리

어머니도 나도
조금씩 닮으며 산다

〈항아리1〉 전문

사람의 항아리는 시간을 담아 맛으로 발효된다. 때로는 하늘의 구름도 고이고 바람의 노래도 가득하게 마련이다. 그 감각의 언어는 습관화한 리듬의 행차가 길에 닿으며 사람이 모여들 게 한다. 길가에 풀이 마르면 가물다하고 사람의 가슴에 물이 없으면 야박하다고 한다. 개천의 물도 소리를 내며 흘러야 넉넉하다. 그래야 강둑에 앉은 노래가 먹이를 물고 둥지에 이르는 것이다.

시인이 열어 놓은 가슴의 '항아리' 는 기억의 소재며 추억의 양념거리가 담겨 있다. 마음의 물이 되어 메마른 세상의 양심을 발효 시킨다.

이것이 시인이 목청을 돋우는 갈등구조 속의 시적 메타포이자 카타르시스가 아닌가.

다음 시를 불러들이면 마음은 더 다가서게 된다.

자반고등어를 굽는다
생선 냄새가 집안을 점령해
식탁에 촛불을 켜놓는다

흔들리는 촛불
시나브로 냄새를 태운다

하루가 저물고
아늑한 불빛을 찾아
집으로 돌아오는 지친 사람들

식탁의 고등어 한 마리
허기진 사람을 불러 앉힌다

노릇노릇한 고등어는
집안가득
푸른 바다를 풀어 놓는다

〈몽당초가 있는 바다〉 전문

삶의 질고는 해변의 모래밭에 상형화 되지 않는다. 다만 새로운 이정표를 찾아 이어 가야할 걸음의 흔적마저 바다가 물고 갈 일이다.

서정숙 시인이 당도하는 미적 상상의 발양은 새살을 밀어 올리는 질긴 나이테이다. 그가 서있는 바닷가에서 파도소리를 받아 적거나 바람의 허사비에 옷을 입힌다. 그것이 그가 정박해야할 〈몽당초가 있는 바다〉이며 마음의 고향일지도 모른다.

그는 맑은 언어의 물감으로 심상의 화음을 내면화 시킨다. 그의 시는 찬물로 말아먹어야 맛이 난다. 그의 '바다' 는 미적 심상에서 주술적 서원에 이르는 마음의 다리며 출구가 된다.

다음의 시에게 더 캐물어보자.

병원 복도에서 어머니는
걷는 연습을 한다
왼발과 왼다리가 아직 제 힘을 못쓴다

휠체어를 밀며 옆을 지나가는 여인
한쪽 엉덩이가 뒤뚱 내려앉다 세워진다
다리가 구부러질 때마다
병원이 기울어졌다 선다
관절염 앓는 여자는
중풍 걸린 남편
휠체어를 밀고 돌아준다
동공이 풀린 남자
어눌한 표정으로
그녀를 놓지 않는 남자

찬바람이 세찬 길에
두터운 무장을 하고
지팡이를 짚고도 뒤뚱뒤뚱 걷는 사람들이
내 눈을 붙들고 놓아주지 않는다

〈틀어진 몸〉 전문

시의 답변은 멀리 있지 않다. 그가 뿌린 언어의 풍광은 푸르며 활기차게 질기다.

몸은 탯줄로 이어지는 인간 대지의 유일한 선물이다. 거기에는 어머니의 살 냄새가 묻어있다. 고향의 땀 냄새보다 더 아득한 향기는 세상에 없다. 철길 따라 넘어지던 산그늘은 도시의 거리에서 발 시린 인간의 이부자리가 되던가.

지금 시인의 언어는 물감 들인 몸짓에 바람이 눕는다. 그 시의 언어는 일상의 현실에서 포착한 꿈의 포즈다.

인간은 자연의 엄연한 사실에서 터득한 시공간적 순리로 위로 받는다. 여기서 시인은 모성의 감수성을 통해 일상을 넘어서는 이상적인 힘을 가늠하고 있다.

다음의 시는 인간의 고단한 아궁이의 문을 암시한다.

곡예사
층층시하에서 외톨이로 사는 일
따뜻한 눈빛을 보내주는 건
연탄불 하나 뿐

지문이 다 닳도록
연탄불을 갈아도
등줄기엔 서릿발 기둥이 자라고

살아남기 위한 감정 조절이
하루하루
숨을 쉴 수 있는 일과였다

소중하지 않은 생명은 없다
불합리한 억압 속에
복종으로 지켜내는 인격체는
갈기갈기 찢겨 나가고

새벽달은 고향
천둥 번개에 몸을 숨겨 주는 건
언제나 푸른 잎새 들이였다

벌 나비가 되고 싶어 울었다

은빛 둥지를 지키는 것은
자주 아슬아슬 해
몇 번이고 몸을 사려야 하는
투혼이 있었다

아침 이슬에 빛나는 저 무늬는
너의 훈장이다

작은 거미들의 행로를 지켜보며
끈끈한 사랑의 줄이
아직도 흔들린다

〈거미의 행로〉 전문

동트기 직전 이슬을 입고 아침은 온다. 감성의 숫돌에 언어를 누이고 시간을 다독거리면 밥상에는 해가 뜨기 마련이다.

시인 존 드라이든(John Dryden)은 "이미지를 만들어낸다는 것은 그 자체만으로 시의 생명이자 정점이다"라고 했다. 서정숙의 시는 아침에서 언어가 일어난다. 세월의 여정을 손질하여 인간의 장터에 진열하고 있다.

여기에서 인간의 장터란 아궁이에 지피는 가정의 장작이자 항아리에 담근 가족의 살맛일 것이다. 그것이 곧 〈거미의 행로〉가 아닐까.

그 향수적 이데아는 뒷동산의 달이며 텃밭의 힘줄에 있는 것이다.

그래서 시의 굴레는 처마 밑의 마당에 있으며 시적 갈망의 이상은 굴뚝의 연기로 피어난다.

이처럼 서정숙 시인의 고향과 생명은 문명의 이기에서 글 마디가 굵어진다.

그러면 다음의 시에서 그 울림을 느껴보자.

잃어버렸던
오래된 책 하나

마음 졸인 세월 하염없이 흐른 뒤
풀잎 질어 가는 날
집념의 선물 되어 다시 찾았다

한 페이지씩 펼쳐 읽어보니
처음 볼 때 낯설고 생소하던 앞부분
아직도 그 때처럼 낯설기도 하고

떨리고 후들거리던 부분은
다시 보아도 먹먹함이 느껴진다

밤을 새며 가슴 졸인
중간 부분은
격정의 질풍노도 휘몰아쳐서
여전히 애태우며 숨을 죽이고

감명 깊어 울었던 페이지에는
그 때의 눈물 자욱 스며들어서
빛바랜 얼룩으로 남아 있다

연륜은 깊어지고
인생은 덧칠을 해 가는데

묵은 책을 앞에 놓고
아직 읽지 못한 뒷부분 접어 둔다

눈을 감고 회상에 잠긴다

〈펼쳐 읽어보니〉 전문

시는 삶의 시나리오가 아니라 꿈의 이미지를 형상화 하여 미적 리듬으로 춤추게 하는 언어의 악보다. 그 미학적 추임새를 가미하며 물질적 산술을 선양하는 언어의 춤이기도 하다. 그 다음 가슴에 박힌 못 자국을 지우고 새움이 트게 하는 것일 게다.

인간의 육체가 사회적 풍화작용에 의하여 멍이 들면 정신적 사상마저도 고통스럽다.

시는 이러한 과정을 상징적인 미적 채널을 고정시켜 마음의 상처에 펜의 씨앗을 경작하는 것이다.

그러기에 시인의 사실적 유토피아는 형용사가 아니라 언어의 동사여야 한다.

서정숙 시인은 언어의 상상이 현실보다 앞서가는 진실한 믿음을 확인시키고 있다.

결국 그의 서술적 이상은 물질의 대상이 아니라 오로지 꿈의 부싯돌이다.

다음의 시에 한 번 불을 당겨보자.

하늘빛 고운 어느 날
그와 나누어 잡았던 명주실 한 올 허공에 날리고
16년이 훌쩍 지난 날
재회의 하루를 얻었다

세월만큼 별로 달라져 보이지 않아
오해의 실타래를 절반은 풀어가며 무지개 잡기를 했다
그러고는 무엇이 그토록 먼 이별을 담아 두게 했었는지 모른다
청춘의 분명치 않은 무의식이었는지

삶의 질서를 지켜주고 싶었는지

그는 다시 멀고 아득한 세월을 향해 주문을 걸었다
30년 후에 만나자
32살에 30년 후에 만나자는 말은
그저 허공을 날아가는 새소리처럼 소멸되었고
야속함의 우물이 목울대에 고여
해질녘은 늘 물을 퍼 비워야 했다

그 말을 믿는 마음을 어느 나뭇가지에도 걸어 두지 않았다

너무 모호하고 긴 세월이었고
그 때 까지 살아 있을지도 분명하지 않은
길고 먼 시간 이었다
그리움만
운명의 그물에 걸려 풀리지 않고
낡은 채로 묶여 있었다

봄날 석양이 내리기 전
그와 악수를 했다
32년의 긴 강을 건너 왔다

〈16, 32, 64〉 전문

서정숙 시인이 발현시키는 추억의 본질은 바람의 구름꽃이다. 그 기억은 시간에 수를 놓으며 나이테를 그린다. 결코 숫자의 내력으로 시간을 변명하지 않는다. 다만 그 세월의 무늬를 다시 사상의 꿈으로 비상시킨다.

삶의 궁극적 이상은 꿈에 대한 영원한 그리움이다. 또한 사유의 지고한 이상향은 삶의 아름다운 하모니다. 시는 인간의 상식적 통념에 장단을 맞추는 허사비의 깡통이 되어서는 곤란하다.

시인의 상상은 언어의 술래로 밥을 짓는 노래여야 한다. 시가

삶의 가락이기에 사람은 시의 약속된 언어를 혼자 두지 않는다. 그래서 시인은 상상의 바람으로 노를 젓는다.

그의 시에서 품고 질문하는 언어의 방편은 과연 무엇일까. 그는 언어의 나그네에서 시간의 바늘이 되고 있다. 삶을 기억해 내는 땔감으로 방에 불을 넣고 있는 것이다.

그의 가슴에서 습관 된 미지에 대한 갈망은 구름의 밥상에 놓는 언어의 반찬이다.

그의 시는 인간의 생각으로 구체화시킨 꿈의 해몽이다.

아마도 그는 인간의 장터에 시로 마수걸이 하여 에누리 없는 말품으로 짐을 풀며 황홀한 언어의 땅거미로 아궁이에 불을 지핀다.

언어의 씨앗이 가슴의 바람이 되어 다시 시화(詩花)로 움이 트면 인간의 밥상에 주렁주렁 열릴 것이다.

그의 시와 에세이는 시적 언어의 눈금으로 절여진 사유의 이미지에 현실적 이지(理智)를 가미한 서사적 감성이 찬란하다.

| 추천사 |

문학의 숲을 열다

이 미 서 (경희대 글로벌미래교육원 교수)

우리는 살아가면서 가장 중요한 것이 무엇인지를 잃어버리고 살 때가 많다. 그 이유는 마음의 여유가 없기 때문이다. 그 마음의 여유는 바빠서도 아니고 분주해서도 아니다. 여울물 돌돌 휘감아 내리는 소리나, 지나가는 바람소리에도 관심을 기울이고, 해가 뜨고 지는 것에도 감탄을 보낼 줄 아는 여유가 있어야 하는데 보통의 사람들은 그 당연함을 터부시 한다. 그러나 그러한 당연함에 관심을 갖는 것부터 문학의 시작이다.

작가 서정숙은 주변에서 살아 움직이는 모든 것들에게 말을 걸어주고, 그들과 소통할 줄 아는 마음 따뜻한 사람이다. 그는 세상의 아픔을 소리 없이 보듬을 줄 알며, 아름답게 피어나는 꽃과 풀의 탄생에도 경이로움으로 맞이하며, 즐거운 일에는 환호할 줄 아는 어린아이 같은 천진함과 순수함을 간직한 작가이다.

서정숙 작가를 생각하면 소녀같은 모습이 먼저 그려진다. 이순을 넘긴 나이지만, 소녀다운 감성으로 순수하게 세상과 타협하지 않고 잘 살아온 그녀다. 그는 반평생 부모를 모시고 살면서 내면을 숙성시켰다. 새롭게 문학의 숲에 들어선 서정숙 작가는 이렇게 이야기한다.

"문학의 숲에서 숨 고르기 하는 요즈음 아직 힘이 없어 쓰러질

까 염려되지만, 세상이 나눠주는 그 밝은 기운이 여린 나무 같은 제 글에 가득 스며들기를 바랍니다."

그가 거니는 문학의 숲은 때 묻지 않는 초자연의 모습을 그대로 그려내고 있다. 사람들의 발길이 거의 없었던 오랫동안 숨겨져 있었던 자연! 태초에 자라난 거목들과 아침 이슬이 묘한 밸런스를 유지하는 그런 숲이다. 양치식물과 이끼, 아름드리 거목의 웅장한 우듬지도 아직 만나야 하고, 그 숲에 세로로 스며든 빛의 아찔함과 기암절벽을 타고 흐르는 계곡물을 꼭 만나야 한다. 그리고 무엇보다 맑고 청정한 공기와 물 그리고 햇살이 넘나드는 평온한 자연을 계속해서 우리는 만나야 한다.

시인으로 등단을 한 이후 그는 많은 글을 써냈다. 그는 수필과 시의 독자들을 초대하려고 그 초자연속 문학의 숲 안내자를 자처하고 나섰다. 그는 그 숲에 길을 내고 사람들이 들어가서 안온하게 쉬고 올 수 있는 나뭇등걸 하나를 부지런히 준비하고 있다. 그 구슬땀이 소중한 결실을 이루기를 바란다.

서정숙 시와 에세이

바람이 구름 한 첨을 두고 간다

초판인쇄 | 2019년 7월 11일
초판발행 | 2019년 7월 15일

저　　자 | 서정숙
펴 낸 곳 | 제3의 문학

주　　소 | 경기도 여주시 명성로 84-20
전　　화 | Seoul Office / (02)2279-3357~8
E-mail | 3munhak@hanmail.net

출판등록 | 2008. 8. 21 제1-2727호

가　　격 | 9,000원

ISBN 978-89-89629-71-9